Luis Arturo Ramos

Crónicas
desde
el país vecino

edición de
María Elvira Villamil

Copyright © Luis Arturo Ramos
Copyright foreword © María E. Villamil
of this edition © Stockcero 2008
1st. Stockcero edition: 2008

ISBN: 978-1-934768-13-6

Library of Congress Control Number: 2008930124

All rights reserved.
This book may not be reproduced, stored in a retrieval system, or transmitted, in whole or in part, in any form or by any means, electronic, mechanical, photocopying, recording, or otherwise, without written permission of Stockcero, Inc.

Set in Linotype Granjon font family typeface
Printed in the United States of America on acid-free paper.

Published by Stockcero, Inc.
3785 N.W. 82nd Avenue
Doral, FL 33166
USA
stockcero@stockcero.com

www.stockcero.com

Luis Arturo Ramos

CRÓNICAS
DESDE
EL PAÍS VECINO

Índice

Introducción -VII
El autor y su obra.
Características y recepción de Crónicas desde el país vecino; la crónica como género.

Bibliografía -LI

Crónicas desde el país vecino

Hacia el país vecino -1
I. Celebración de los puentes
II. El Paso que dejó de serlo
III. U. S. Mail
IV. Oklahoma es o.k.
V. Rumbo al Marlboro Country

El Paso de Cárdenas -17

Para ver a Fuentes -27

La última batalla -33

En busca de Anthony Quinn - - - - - - - - - - - - - - - - - - -37

Aquella tormenta del desierto o lo que Villa les dejó - - -43

El eterno exilio de Victoriano Huerta - - - - - - - - - - - - -53

(Aquí...) todos somos El Chupacabras - - - - - - - - - - - - -63

Museos Iú. Es. Ei. -67

Introducción

El autor y su obra.

Luis Arturo Ramos (Minatitlán, Veracruz, 1947) estudió literatura en la Universidad Veracruzana y posteriormente fue Director Editorial en la misma universidad. Ha dictado clases de literatura mexicana y latinoamericana en varias universidades, tanto en México como en Estados Unidos: la Universidad Nacional Autónoma de México (UNAM), la Universidad Veracruzana y la Universidad de Missouri en Columbia y en Kansas City. Actualmente es profesor de creación literaria (Creative Writing) en la Universidad de Texas en El Paso (UTEP) donde también dirige la *Revista de literatura mexicana contemporánea*. Ramos fue becario del Centro Mexicano de Escritores (Ciudad de México, 1972-1973). Ha colaborado con reseñas, ensayos y cuentos en publicaciones de México y en el extranjero, y sus cuentos han sido incluidos en cerca de treinta antologías. Ramos se interesa por la literatura, el cine, el viaje y la política del continente americano, territorio por el cual ha viajado extensamente. Ha sido un escritor prolífico, con una obra literaria que incluye novela moderna y posmoderna, cuento, ensayo y literatura infantil. Uno de sus intereses de género es la crónica, como lo evidencia tanto *Crónicas desde el país vecino* como crónicas no incluidas en esta colección. Entre otras, el escritor ha publicado «Oh tierra del sol (de medianoche)», «Al pie de la cordillera», Rumbo a las tierras del Chivo» y «Chacaltianguis en los tiempos del cine». A estas cuatro crónicas se hará breve referencia al final de esta introducción.

En cuanto a su formación como intelectual, es importante anotar que el impacto del movimiento estudiantil de 1968 en México afectó a Ramos y a sus contemporáneos, al igual que la Revolución Cubana con su apertura socioeconómica y creativa. En lo relativo a los sucesos de 1968, éstos impulsan a Ramos, como anotaba Max Parra, «a desarrollar una ardua reflexión sobre la realidad individual y social inmediata» (Camps y Moreno 294). Esta preocupación por lo social sigue presente hoy en día en la escritura del veracruzano, como se observa en sus crónicas. Ramos leyó asiduamente a escritores mexicanos como Juan Rulfo, Agustín Yáñez, José Revueltas y Carlos Fuentes, y a otros hispanoamericanos como el colombiano Gabriel García Márquez. Por supuesto, estas lecturas se suman a muchas otras; por ejemplo, con el conocimiento de la obra de Julio Cortázar, Ramos confirma su afinidad con el argentino, con quien comparte una visión de mundo y «un interés por la intromisión de lo absurdo y de la irrealidad en la vida cotidiana» (Camps y Moreno 392). Con la novela posmoderna de los jóvenes de «la Onda» la escritura de Ramos comparte del humor, la desenvoltura, la irreverencia y el gusto por todas las manifestaciones actuales de la cultura popular. En suma, Ramos es un intelectual (escritor y profesor universitario) con un amplio capital cultural. Esta ubicación dentro del espacio social define las características de sus crónicas.

Con algunas diferencias, tanto Raymond L. Williams y Blanca Rodríguez (Camps y Moreno 99) como Parra (Camps y Moreno 295) han dividido la obra literaria de Ramos en tres etapas. Hay un período inicial con el predominio de lo fantástico y una experimentación formal similar a aquella efectuada por Cortázar en sus cuentos; un segundo período con una narrativa más accesible y tradicional; para terminar, un tercer período de obras más abiertas y complejas que se suman a gran parte de la narrativa posmoderna de finales de los años ochenta y la década de los noventa.

Entre las obras de escritores posteriores al Boom, es quizás Ramos quien ha escrito con mayor variedad, presentando espacios urbanos, de provincia y fronterizos y, con un repertorio de personajes igualmente variado, como afirma Parra (Camps y Moreno 294-295):

> Esta productividad y amplitud de registro revela una versatilidad, una vocación y disciplina, es decir, un oficio de escritor plenamente profesionalizado, que es poco común en la literatura mexicana (el único punto de comparación posible en el nivel de variedad - de la gran urbe a la provincia, del realismo intimista al realismo fantástico - y producción seria, aunque son autores muy diferentes, es Carlos Fuentes).

Valga resaltar también el trabajo de Ramos para los niños, prácticamente inexistente entre los «canónicos» del siglo XX y del siglo en curso[1]. Hasta la fecha ha publicado cinco libros para niños. Uno de los motivos que lo han llevado a escribir literatura infantil es el deseo de promover la lectura desde los primeros años con miras a fomentar el pensamiento crítico. Refiriéndose a México, Ramos decía lo siguiente en entrevista con Vicente Francisco Torres: «Pienso que buena parte de lo que nos está sucediendo como país se debe a la poca formación que tenemos para el acto de la reflexión y el enjuiciamiento crítico que derivan de la lectura. Un país que lee es inteligente y crítico. No tenemos adultos lectores porque no hay niños lectores» (Camps y Moreno 66). Se observa en Ramos como intelectual cierta confianza en la cultura como posibilidad para el cambio social. Esta confianza en la cultura como fuerza frente al status quo queda aún más clara en las crónicas escritas y publicadas en los años noventa, década en que se incrementó la militarización de la frontera entre Estados Unidos y México, se firmó el «Tratado de Libre Comercio de América del Norte», se presentó la propuesta legislativa número 187 de California y creció el número de maquiladoras en México.

Desde esta misma confianza relativa en las letras, es posible afirmar que las crónicas de Ramos adquieren mayor relevancia dentro de su obra precisamente si se considera el papel público del escritor; asimismo, si se analizan estos textos dentro de una situación comunicativa en donde sus referentes historiográficos y sociopolíticos actuales son de principal importancia. En estos textos el lector pue-

---

[1] Sobre la literatura para niños de Ramos véase el artículo de Martínez Suárez en *Contrapunto* (11-16).

de encontrar una voz más asertiva, mayores certezas y menos contradicciones que aquellas que pueda experimentar en sus novelas y cuentos.

Características y recepción de *Crónicas desde el país vecino*; la crónica como género.

En cuanto a la recepción de las crónicas, éstas han tenido cabida en publicaciones interesadas en la sociología, la historia, la política y la literatura, lo que demuestra un interés en los textos de Ramos no sólo como ficción sino también como documentos sociales e históricos. *Crónicas desde el país vecino* es particularmente sugerente para aquellos interesados en la crónica mexicana contemporánea y en asuntos fronterizos entre México y Estados Unidos. Teniendo en cuenta que los textos tratan problemas sociopolíticos e históricos, puede asimismo ser relevante para los estudiosos de la historiografía latinoamericana y de la cultura de la zona en general, es decir, del suroeste estadounidense.

La edición de *Crónicas desde el país vecino* (libro publicado por la Universidad Nacional Autónoma de México en 1998) fue una recopilación de nueve crónicas ya publicadas que Ramos reunió a partir de un tema común: la perspectiva y visión de un mexicano de la cotidianidad en Estados Unidos. Prácticamente todas las crónicas involucran parte de la historia pasada o contemporánea de los Estados Unidos. Los textos habían aparecido inicialmente en «Punto y aparte», semanario de Jalapa (Veracruz), y volvieron a publicarse en diversos periódicos y revistas de la Ciudad de México. El tiraje de la UNAM de *Crónicas desde el país vecino* fue reducido, probablemente como consecuencia de la escasa disposición del público a leer un libro de tal género. Hacia 1987 Carlos Monsiváis estudiaba el por qué la crónica ha ocupado un sitio marginal en la historiografía literaria mexicana. En este artículo Monsiváis hacía referencia a la relativa atención del público lector y a «la desconsideración de los historiadores literarios» frente a la crónica («De la santa doctrina al espíritu público», 753). A la marginación del género también hizo referencia Susana Rotker en su estudio sobre la crónica modernista hispanoamericana: «¿Por qué entonces –cabe preguntarse una vez más– tal resistencia a descubrir en la crónica toda su dimensión?» (120). Rotker analizaba posibles causas, considerando factores tanto de mercado y política editorial como de la literariedad de los textos.

Para la discusión del concepto de género literario existe una amplísima bibliografía que remite al lector tanto a las clasificaciones de Platón, Aristóteles y Horacio como a las de posteriores teóricos. En la bibliografía actual existe un intento por definir el concepto con la correspondiente mención de la dificultad de resolver el problema. Lo cierto es que el estudio de las grandes categorías (lírica, narrativa y drama) y las diferentes formas dentro de estas categorías (novela, crónica, comedia) debe hacerse en conexión con su evolución histórica y en las relaciones entre visión de mundo y forma artística[2].

---

2   En *Signs Taken for Wonders. On the Sociology of Literary Forms* Franco Moretti dice lo siguiente sobre el concepto de género literario:
    «Literary texts are historical products organized according to rhetorical criteria. The main problem of a literary criticism that aims to be in all respects a historical discipline is to do justice to both aspects of its objects: to work out a system of concepts which are both historiographic and rhetorical. These would enable one to perform a dual operation: to slice into segments the diachronic continuum constituted by the whole set of literary texts (the strictly historical task), but to slice it

Tanto la definición de la crónica (del griego *khronos*, tiempo) como sus características varían a través de la historia. Al igual que otros textos, el hecho de considerarla ficción, historiografía, periodismo interpretativo o género híbrido es históricamente variable. Definida como un registro del presente y como una narración de acontecimientos históricos, la crónica también contiene una valoración de tales hechos.

En los siguientes párrafos se mencionan algunos de los críticos que estudian la crónica y se presenta parcialmente su acercamiento a la misma; asimismo, se tratan aspectos relacionados con la recepción de las crónicas en cuestión y se incluye la perspectiva del mismo Ramos sobre el tema.

El prólogo de Carlos Monsiváis a su antología (*A ustedes les consta. Antología de la crónica en México*) presenta los cambios del género desde la conquista española hasta 1980. El trabajo de Monsiváis resalta particularidades de cada etapa histórica y ofrece diferentes perspectivas en cuanto a las características formales de la crónica y en cuanto a su función en el contexto sociopolítico. Para empezar, Monsiváis ofrece la siguiente definición de la crónica al diferenciarla del reportaje: «reconstrucción literaria de sucesos o figuras, género donde el empeño formal domina

---

according to formal criteria pertaining to that continuum and not others (rhetorical task).

To a large extent, such a theoretical apparatus already exists. It is centered on the concept of 'literary genre'. I do not think it is accidental that, in the twentieth century, the best results of historical-sociological criticism are to be found in works aimed at defining the internal laws and historical range of a specific genre: from the novel in Lukács, to the baroque drama in Benjamin, from French classical tragedy in Goldmann to (in a kindred field) the twelve-note system in Adorno. Yet there is no doubt that the concept of literary genre has not yet acquired the prominence it deserves, or that it could lead to a very structuring of literary history from the one familiar to us. I would like here to outline some of the prospects that might open up if it were to be used systematically. But first I shall suggest why criticism has put up such widespread resistance to these developments» (9).

sobre las urgencias informativas» (13). Asimismo, dice que en general «en la crónica ha privado la recreación de atmósferas y personajes sobre la transmisión de noticias y denuncias» (13). Al igual que otros intelectuales (Julio Ortega, por ejemplo), Monsiváis enfatiza la importancia de darles voz a los marginados. Así, el mexicano concluye su prólogo describiendo la «encomienda inaplazable» (76) de la crónica y el reportaje: «Dar voz a los sectores tradicionalmente proscritos y silenciados, las mayorías y minorías de toda índole que no encuentran cabida o representatividad en los medios masivos» (76). Posteriormente escribe sobre la importancia de oponerse «a la idea de la noticia como mercancía, negándose a la asimilación y recuperación ideológica de la clase dominante» (76). Para terminar, Monsiváis dice lo siguiente en cuanto al trabajo que se debe llevar a cabo en la crónica: «De modo especial, registrar y darle voz e imagen a este país nuevo que, informe y caóticamente, va creciendo entre las ruinas del desperdicio burgués y la expansión capitalista, significa partir de un análisis de clase o, por lo menos, de una defensa clara y persistente de los derechos civiles» (76). Como se ha planteado, y como se verá posteriormente con mayor detalle, en Ramos hay énfasis en lo formal y al mismo tiempo inclusión de información y denuncia. Igualmente, Ramos les da voz a sectores marginados (a los inmigrantes, por ejemplo) y se opone a la ideología de la clase dirigente (critica las políticas neoliberales).

Con base en algunos de los aspectos que Monsiváis trata en su estudio sobre periodismo mexicano en general y sobre la crónica en particular, es posible afirmar lo siguiente acerca del trabajo de Ramos en *Crónicas desde el país vecino*: es periodismo crítico mexicano; trata asuntos políticos e incluye denuncia; es humorismo crítico; es un registro de la experiencia cotidiana y de hechos históricos de trascendencia para mayorías; se aleja de la banalidad, de la frivolidad; evidencia cierto interés en la idiosincrasia tanto de los estadounidenses como de los mexicanos pero sin mayor énfasis en la definición de la «identidad nacional» correspondiente; se aleja de los cuadros de costumbres y de lo hogareño; es disidente y anticolonialista; no es chovinista; no es proselitismo religioso; no es celebratorio; no hay hechos comunes convertidos en hazañas; no hay amenaza a ningún grupo; hay esmero literario; no busca un justo medio; no hay una falsa neutralidad; no es amarillista ni melodramático; no celebra las costumbres locales ni ennoblece el pasado como recurso nacionalista.

En su estudio sobre la crónica en México (Elena Poniatowska, Carlos Monsiváis y José Joaquín Blanco), Anadeli Bencomo retoma la definición de Monsiváis transcrita en párrafos anteriores y añade lo siguiente: «la crónica periodístico-literaria se presenta como un texto generalmente breve que aborda preferentemente la representación de temas, sucesos y personajes cotidianos, para construir una imagen de la cultura y las prácticas sociales de determinado momento» (15). Ramos lleva a cabo la representación descrita por Bencomo, pero también selecciona personas y eventos históricos extraordinarios. En cuanto a la perspectiva del cronista, Bencomo menciona dos posibilidades: «la del *cronista testigo* o la del *cronista protagonista*» (36). Ramos es principalmente *cronista testigo* en *Cró-*

nicas desde el país vecino, un informante que observa y documenta de primera mano; es decir, que Ramos está o ha estado en el lugar que describe. Siguiendo a Bencomo en cuanto a las «diversas variantes» (36) del *cronista testigo*, se verá que Ramos funciona como cronista-reportero («Chacaltianguis en los tiempos del cine»), como cronista miembro de un público congregado («El Paso de Cárdenas», «La última batalla», «Para ver a Fuentes») y principalmente como cronista paseante.[3]

En su introducción al libro sobre crónica mexicana contemporánea Ignacio Corona y Beth E. Jörgensen hacen referencia a la crónica como forma híbrida de escritura que cruza múltiples fronteras discursivas (1); posteriormente se refieren a la relación de la crónica con otros discursos:

> (…) the discourse of the chronicle is contiguous to four subgenres, with which clear-cut borders do not exist: in journalism with reportage and human interest pieces; and in literature with the short story and the essay. These are closely related and permeable genres. Structurally speaking, critics would agree that the most widely accepted distinctive feature or rule that governs the chronicle is time (*chronos*) and establishing a temporal order to events (4).

Igualmente, en la introducción a *Safari accidental*[4], el escritor mexicano Juan Villoro plantea algunos de los problemas relacionados con la crónica como género; asimismo, hace referencia a la relación que periodistas y litera-

---

[3] Aunque el estudio de Bencomo se centra en la megalópolis mexicana, presenta diferentes aspectos de interés para quien quiera profundizar en la crónica en general.

[4] *Safari accidental* es una colección de crónicas contemporáneas escritas por un mexicano que, además, trata asuntos relacionados con el género en cuestión. Villoro se refiere a la hibridez de la crónica desde el título mismo. El lector también encontrará una crónica sobre la zona fronteriza entre México y Estados Unidos titulada «Nada qué declarar, Welcome to Tijuana».

tos asumen frente a la escritura. Dice Villoro con humor: «Si Alfonso Reyes juzgó que el ensayo era el centauro de los géneros, la crónica reclama un símbolo más complejo: el ornitorrinco de la prosa» (14). Villoro apunta a la liminalidad de la crónica y se refiere a las características que toma de otros géneros: de la novela, del reportaje, del cuento, del teatro, del ensayo y de la autobiografía. Villoro comparte con Ramos, en teoría, el requisito indispensable de la crónica, es decir, su compromiso con la verdad, con lo verificable. Si se analiza el cómo se registra e informa sobre hechos en los dos libros, en líneas generales se verá que Ramos critica el estado de cosas mientras que Villoro no lo hace. Éste último deja testimonio de la corriente central de la crónica periodística, la cual tiende a alinearse con la política exterior de Washington (especialmente en lo que concierne a Cuba). Por otra parte, *Safari accidental*, con sus referentes y gustos populares, resulta en una obra más accesible para el lector. La representación del intercambio entre Estados Unidos y México, por ejemplo, se presenta en el texto de Villoro con un lenguaje más directo y accesible para el lector no versado.

Mientras que Corona, Jörgensen, Rotker y Villoro ponen énfasis en la hibridez de la crónica, Ramos insiste en la importancia del contrato de lectura que el autor establece con el lector. Para Ramos es importante dejar claro el hecho de que es él quien habla y situarse como directo responsable del texto que ha escrito. De la misma forma enfatiza el hecho de que sus referentes son personas y asuntos reales e históricos, que existen verdades verificables; frente a éstas existe un interés no por relativizarlas sino por comunicarlas en su contexto sociopolítico concreto. Hacia 1999 Ramos escribía sobre la crónica como creador y como crítico. Enfatizaba la importancia del «contrato de lectura» que el autor establece con el lector, es decir, la clara definición del género al cual pertenece el texto («Las fronteras genéricas: cuento, novela, crónica», 23). Asimismo, decía lo siguiente sobre este género:

> La crónica no pretende ser imparcial aunque sí, y en ello basa su autoridad, verdadera. Se hace crónica de hechos reales desde la perspectiva más o menos emocionada de quien atestigua el acontecimiento. Más que informar, a diferencia del periodismo, se interesa en conmover o influir; pero a diferencia del cuento y de la novela, preconiza el hecho verdadero en el que está basada» (29).

Ramos apunta a que, para estudiar las crónicas, conviene hablar del autor como directo responsable del enunciado sin confundirlo con un posible narrador intradiegético en una narrativa de ficción. Para Ramos, tanto el lector como la ley pueden pedirle cuentas al autor de la crónica.[5] Por lo tanto, como ya se ha dicho, para Ramos el cronista es responsable directo de lo que escribe, de un texto en el cual quien narra no oculta ni sus intenciones ni su propósito.[6]

Ramos escribió las crónicas del suroeste pensando en ellas como «cartas a un amigo conocido o por conocer»; su objetivo al escribir los textos era el de «escribirles cartas a sus amigos»[7]. Según el autor, esta premisa le permitió entonar los textos con ironía y humor precisos, e incluso, hacer chistes privados. Por esta misma razón, en *Crónicas des-*

---

5 Entrevista con Villamil.
6 En la presente introducción se habla de autor y lectores, no de narrador y narratarios. De todas formas, la situación comunicativa cambia según el tipo de crónica y según el acercamiento a la misma.
7 Entrevista con Villamil.

de el país vecino hay alusiones o referencias concretas a la política, a personajes mexicanos y a situaciones y espacios que cierto lector conoce y entiende. Al escribir, Ramos también pensaba en un lector ideal (hay que entender este «lector ideal» como constructo imaginario adscrito a la producción textual) que coincidiera o participara de una ideología y un sentido del humor común. Al mismo tiempo, el deseo provocador de Ramos queda claro en el texto, y él mismo lo confirma al hablar de su intención:

> También quiero provocar y por lo tanto involucrar a lectores que no tienen mis intereses y, espero, ganarme buenas enemistades. Pocos géneros como la crónica para dejar en claro las simpatías o antipatías del autor, las cuales se vuelven evidentes desde la selección del tema a cronicar y el particular abordaje que se hace de él. Claro que detrás de todo esto, tiene que haber un lector informado, que guste de la historia y la literatura y propietario de un bagaje cultural apropiado».[8]

Para Ramos es importante que el lector aprecie el humor; asimismo, que valore «la posibilidad de frasear o verbalizar el universo y que termine con la convicción de que el mundo y sus contenidos son un libro abierto que puede ser leído e interpretado por quien lo mira o lo admira».[9] Según el autor, observar es también juzgar, y su antídoto contra las verdades absolutas es la ironía.

La identificación de la ironía en *Crónicas desde el país vecino* no siempre se logra fácilmente, de manera que el lector debe llevar a cabo una lectura atenta poniendo atención al contexto, a la entonación del discurso y a las refe-

---

8   Ibídem.
9   Ibídem.

rencias concretas a lugares, eventos y personas. Así pues, el libro entretiene e informa, al mismo tiempo que mantiene una distancia estética que impide el desciframiento fácil del texto. En suma, *Crónicas desde el país vecino* requiere un lector activo e interesado tanto en la representación como en lo representado. Estas crónicas se distancian de un lenguaje directo y principalmente denotativo; el lenguaje connotativo y sugerente produce un mayor extrañamiento en el momento de la lectura enriqueciendo tal experiencia. El lector podrá igualmente encontrar divertimiento como resultado de la sutileza y perspicacia de Ramos. Esta agudeza, en la forma que adquiere gracias al artificio lingüístico, también le permitirá al lector visualizar tanto escenas de la vida cotidiana como la arquitectura y la geomorfología del suroeste estadounidense.

Las crónicas tienden hacia la dicción poética. Todas comparten la tendencia al uso de figuras, como en frases en las cuales el autor se vale de metáforas y símiles. El uso de un lenguaje figurativo le da a esta narrativa inmediatez y color a la comunicación de imágenes de diverso tipo. La escritura de Ramos es sugerente, incisiva, irónica, humorística, y gracias a ella su lector tiene la oportunidad de situarse en el lugar de los hechos y de ver una amplia gama de aspectos. En cuanto al manejo del tiempo en la elaboración de estas crónicas, el lector verá que Ramos no siempre establece un orden temporal para los eventos.

La frontera

En la narrativa del siglo XX las referencias a la frontera entre Estados Unidos y México abundan desde *Los de abajo* (1916) de Mariano Azuela. Algunos textos han sido escritos en territorio fronterizo; tal es el caso de *Los de abajo*, publicada inicialmente en el periódico *El Paso del Norte* en El Paso, Texas. En cuanto a textos recientes, en *Transpeninsular* del tijuanense Federico Campbell hay un personaje que realiza viajes por Baja California, península a la que dice dirigirse de sur a norte en busca del «fantasma» de Fernando Jordán. En la novela está presente el tema de la escritura, y con ella, el comentario sobre la literatura, la crónica y el reportaje periodístico. Uno de los intertextos de *Transpeninsular* es el libro del Fernando Jordán real (cronista mexicano) titulado *El otro México: Biografía de Baja California*. Incluso autores distantes por su origen geográfico se han ocupado de la frontera entre México y Estados Unidos; por su similitud con la crónica, valga mencionar la nota periodística de García Márquez, escrita con humor y sentido crítico y de gran actualidad para esta primera década del siglo XXI: «USA: mejor cerrado que entreabierto».[10]

En los textos de Ramos la relación entre el mexicano y el *Otro* siempre ha estado presente[11]. Desde sus primeros

---

10   En «USA: mejor cerrado que entreabierto» (1982) García Márquez cuenta acerca de la primera vez que se le negó la visa: «Hace unos dieciocho años acompañé a Mercedes y a nuestros dos hijos a la ciudad fronteriza de Nuevo Laredo, donde hay un puente de hierro que tiene una pata en México y otra en Estados Unidos. Los tres pasaron al otro lado con el objetivo de solicitar una visa de reingreso a México, pues las suyas estaban vencidas. La mía no lo estaba, por supuesto; pero yo no podía acompañarles al otro lado porque Estados Unidos me negó inclusive un permiso simple de tres horas para atravesar el puente; el paso de gente en ambos sentidos era constante y numeroso» (427).

11   Sobre el particular Ramos decía lo siguiente: «... en *Intramuros* y *Este era un gato*.... los personajes reaccionan al contacto de lo extranjero: y para los mexicanos, este concepto se manifiesta, sobre todo, en dos nacionalidades: la española y la norteamericana. Son «nuestros» extranjeros, desde mi particular punto de vista» (Camps y Moreno 412).

cuentos, Veracruz y el mar son espacio de encuentro entre el extranjero y la nueva tierra. Tal es el caso de su novela *Intramuros*, en donde la dinámica se da a partir de la llegada de españoles emigrados a causa de la Guerra Civil Española, y en *Este era un gato...* por la presencia del personaje Roger Copeland, gringo viejo que llega por primera vez a México durante la invasión estadounidense de 1914 a Veracruz.

En *Crónicas desde el país vecino* la liminalidad geográfica se observa en sus viajes por las fronteras, y la genérica en la elección de la crónica y la cualidad que le imprime a la misma. Entre sus viajes, Ramos se desplaza por la frontera en El Paso y Juárez, y viaja a La Mesilla, Las Cruces, Oklahoma y Wichita; da testimonio de la visita de Cuauhtémoc Cárdenas a El Paso y de la presentación de Carlos Fuentes en la Universidad de Boulder en Colorado; observa la manifestación que se dio en la Universidad de Texas en El Paso contra la celebración de los 500 años de la llegada de Colón; acompaña al actor Anthony Quinn en su visita a El Paso; se desplaza como turista mientras comenta sobre la arremetida de las tropas de Francisco Villa contra Columbus, Nuevo México; visita la tumba de Victoriano Huerta en el cementerio «Evergreen»; escribe sobre la aparición de «El Chupacabras» y su significado dentro del imaginario colectivo; finalmente, en la crónica que cierra su libro, Ramos visita el Museo del Holocausto y el Museo de la Patrulla Fronteriza en El Paso. Salvo en «Para ver a Fuentes» y «(Aquí...) todos somos El Chupacabras», el espacio por el cual se desplaza el cronista es el desierto que comparten México y Estados Unidos. Así, la geomorfología de la región desértica de lo que hoy es el suroeste estadounidense es observada y narrada en siete crónicas sobre la frontera. La atención de Ramos no se limita a la apreciación sensorial del lugar, sino que se centra en los procesos políticos que allí convergen, desde la dirección y administración de países hasta las relaciones personales entre diferentes personas o grupos. Estos son algunos de los temas que Ramos comenta críticamente en su apreciación de la vida en Estados Unidos: la soledad y el amor por los animales, las ocasionales masacres, el exceso de peso, el simulacro del cine de Hollywood, la discriminación, la explotación de la clase trabajadora y la crisis de la cultura letrada.[12] Muy importante anotar que el autor es también crítico e irónico en el momento de abordar asuntos latinoamericanos.

Crónicas desde el país vecino confirma el interés de Ramos en la crónica como provocación y como posibilidad para ejercitar la ironía. De esta manera, con tono crítico trata en sus textos diferentes aspectos del campo cultural tanto de Estados Unidos como de México. En su concepto de la crónica como género y como práctica social está el de su eficacia para representar la vertiginosidad de los acontecimientos que afectan al ser humano en la sociedad actual. Para Ramos, la función primordial de la crónica finisecular y de comienzos del siglo XXI es la de escribir sobre aquello que, sin ser noticia de primera plana, revela tanto o más. Un cronista como Ramos puede convertir un acontecimiento banal o mínimo en un ejercicio de capacidad interpretativa y de observación que revele algo nuevo, o que deshabitualice lo observado.

---

12   Hacia 1993 la argentina Beatriz Sarlo escribía sobre la crisis de la alfabetización (*literacy*) a nivel mundial; asimismo, sobre otros temas de interés para el análisis de la última década del siglo XX y principios del siglo en curso. Véase bibliografía.

Hacia el país vecino

La crónica titulada «Hacia el país vecino» está dividida en cinco apartes: «Celebración de los puentes», «El paso que dejó de serlo», «U.S. Mail», «Oklahoma es o.k.» y «Rumbo al Marlboro Country». Ramos no mantiene el orden temporal al narrar; por lo mismo, si el lector desea un orden cronológico tendría que reconstruir el desplazamiento del cronista desde Veracruz (su lugar de origen) hasta Estados Unidos y por los diferentes pueblos del suroeste.

En las primeras páginas de *Crónicas desde el país vecino* se observa una región de grupos heterogéneos en continuo movimiento. Para referirse al movimiento en la frontera Ramos decide escribir sobre los puentes y el humor popular en el momento de darles nombre. En cuanto al tránsito de la gente en El Paso/Ciudad Juárez, dice que en este sitio «los dos países ni se unen ni se apartan, se rebasan simplemente» (11). «La frontera la lleva cada quien en la espalda» (11), dice al describir el paso de la gente que va de Juárez a El Paso y viceversa. Si bien las líneas divisorias pueden ser difusas o móviles, lo cierto es que la voz de Ramos asume una postura clara y crítica a partir de la cual habla. Como mexicano a quien se le ha otorgado el derecho humano al desplazamiento, el escritor recrea sus viajes y describe detalles que le permiten al lector construir una imagen del lugar y de la gente que lo transita o habita. Ramos se identifica con un «nosotros» latinoamericano y reconoce a México como su país. Su actitud crítica, sin embargo, le impide caer en un nacionalismo patriótico. En las crónicas que siguen mantiene su sentido crítico al referirse a políticos mexicanos y, en general, al estado de cosas en su país de origen. La mencionada preocupación de Ramos por lo socioeconómico puede ejemplificarse en esta primera crónica con su observación de la línea fronteriza: «Y aquí no valen metáforas acerca del matiz de los nuestros versus el color de ellos. La separación resulta clara, ellos tienen el agua, nosotros el polvo que recorre la llanura» (17); igualmente, con la referencia a la mamá del cantante Juan Gabriel:

> Al otro día, de vuelta a Juárez (los que tenemos papeles podemos cruzar a voluntad garitas y retenes sin más problema que el que se deriva de las largas colas de automóviles), me llevarían a conocer la casa de Juan Gabriel. Perteneció a la familia Montelongo, dinastía a la que sirvió como empleada doméstica la mamá del compositor. Éste adquirió la casa para su progenitora y la comunidad está a la espera (y con ella todos los que creemos en la justicia poética) de que Juan Gabriel emplee a una Montelongo para que atienda a su señora madre (17-18)

En cuanto a la marginalidad de la zona, ésta es relativa si se tiene en cuenta que es, como dice Ramos, «donde la política internacional ha puesto el ojo» (16). En particular, se refiere a las enormes instalaciones de la base militar estadounidense Fort Bliss en inmediaciones de El Paso, y a White Sands Missile Range, adyacente a Fort Bliss. Según la propaganda publicada en Wikipedia exaltando estas bases militares, Fort Bliss abarca aproximadamente 4.760 kilómetros cuadrados y es el área más grande de maniobras en Estados Unidos continental[13]. El lugar es también epicentro de ejercicios multinacionales anuales de defensa aérea y de misiles. Es en esta misma zona en donde el movimiento de turistas y negocios se desplaza hacia México y en donde los latinoamericanos cruzan en sentido contrario a lo que otrora fuera territorio mexicano.

En «Hacia el país vecino» Ramos también hace referencia a la soledad en Estados Unidos recurriendo con humor e ironía al amor que sienten los estadounidenses por los animales; asimismo, a las ocasionales masacres, a la obesidad en el país y a la manipulación de la información en los periódicos y la televisión. Concretamente se refiere a la difusión de la idea de que los estadounidenses peligran dentro y fuera del país: «Para los americanos el mundo exterior se redujo a la multicomprobada posibilidad de ser asesinado» (18). Esta supuesta amenaza proveniente del extranjero permite un mayor control de la población por parte del gobierno, como afirma el historiador estadounidense Howard Zinn (véase entrevista con Schivone).

En esta introducción se ha hecho referencia a la postura de Ramos frente a la desigualdad social y al abuso institucional. Al mismo tiempo, sin embargo, la forma en que Ramos selecciona y enfatiza determinados aspectos muestra en ocasiones un distanciamiento frente a los desfavorecidos en los dos lados de la frontera: los que sufren la pobreza económica, los afectados por la crisis de la alfabetización (literacy) y los manipulados por los aparatos ideológicos del estado. La ironía contribuye a construir esta mirada crítica, distanciada y desde arriba, la cual adquiere diferentes matices. En los dos últimos casos (cuan-

---

13 Wikipedia: http://en.wikipedia.org/wiki/Fort_Bliss

do observa la ignorancia de la gente y su falta de interés por superarla) Ramos evita caer en el populismo cultural o miserabilismo al cual han recurrido los intelectuales en sus análisis culturales[14]. En el primer caso (la descripción de los pobres en el puente) la mirada no siempre se solidariza con los observados, pues no asume su situación ni dialoga con ellos sino que los convierte en objeto. En este sentido Ramos se presenta con una mirada poco participativa y solidaria, pues no está con el otro. Ejemplo de lo anterior es la imagen de los vendedores ambulantes mexicanos:

> Quienes disputan mi atención son los vendedores que hostigan la caravana de automóviles. Yo me defiendo con el poderoso Winchester de la indiferencia de estos apaches previamente derrotados por la economía y la historia, mientras con el rabillo del ojo los contemplo pintados para la guerra con la policromía del acné y la anemia. Cargan una y otra vez, en sucesiones continuas, contra los flancos de los automóviles. Inocuas hordas armadas de churros, pepitorias y la abigarrada iconografía vernácula: Guadalupe, Jesuses crucificados en yeso e inhiestos caballeros Águila» (10-11).

El Paso de Cárdenas.

En esta crónica Ramos registra la visita a El Paso de Cuauhtémoc Cárdenas, hijo del ex-presidente Lázaro Cárdenas. El cronista describe los lugares por los cuales pasó Cárdenas y las personas que acudieron a verlo en el

---

14 Es el caso de Ilan Stavans; por ejemplo, con «Hispanic USA: literature, music and language», en donde presenta una crítica apologética del narcocorrido. Véase el libro de John King.

auditorio del edificio universitario, en el Hotel Westin y en *El Paso Times*. También centra su atención en aquellos que ignoran quiénes son los Cárdenas y su importancia en la política mexicana del siglo XX. Ramos deja así una imagen no solo del paso de Cárdenas por el lugar, sino de los estudiantes, los turistas, los trabajadores, la gente de negocios y los profesionales en la ciudad. Así, aprovecha la presencia de esta figura histórica para dejar constancia no sólo de la vestimenta y los decorados, sino de la crisis de la cultura letrada a finales de siglo. «Miro a los gringos pasetearse al lado de la historia» (38), dice Ramos, para luego dejar testimonio de la ignorancia y «estulticia» (42) de los periodistas hispanos. Por otra parte, con su característico humor Ramos se muestra a sí mismo burlándose de la periodista hispana que asiste a la rueda de prensa y no sabe quién es Cuautémoc Cárdenas: «—¿A poco no sabes? –retautologicé–. Es el hijo de Guty, El autor de 'Peregrina', la que tenía los ojos muy claros y definitivamente divinos» (41). Por otra parte, ni Cárdenas se salva de la burla de Ramos en el momento en que éste último describe sus rasgos físicos: «Las hondas y prolongadas arrugas que bajan hasta la barbilla, ponen su boca entre paréntesis, hacen que sus labios se abulten en un imbatible puchero legado por vía paterna» (37). La crónica finaliza con la referencia a la comida que la Unión de Trabajadores Agrícolas Fronterizos y la Coalición Rural le ofrecieron a Cárdenas; aquí, Ramos enfatiza la unión por clase social: «Aplausos prolongados a cargo de un público heterogéneo (anglos, negros, chicanos, jóvenes, 2 ó 3 asiáticos, hombres, mujeres, viejos y hasta bebés), quien se pone de pie y alarga la bienvenida hasta rematar con la emulación de un tren en marcha acelerada» (44). Aunque distanciado, quien atestigua el acontecimiento se muestra emocionado y deja constancia de ello: «Hasta yo, intelectual cimarrón, siento un bodoquito en la garganta. Recuerdo las viejas consignas sesentonas. Aquí, al menos, en este salón de 10 X 8, el pueblo parece unido; el pueblito, si les gusta más, pero algo es algo» (44-45). Quizás «El Paso de Cárdenas» sea un punto de partida para el lector interesado en informarse acerca de Cárdenas, del Partido de la Revolución Democrática (PRD) y en profundizar sobre el papel de la izquierda en la historia reciente de México y en general sobre la disidencia frente al PRI. Si bien Cárdenas no llegó a ser presidente en 1988, se ha mantenido como fuerza política importante:

> (…) en 1997, en las elecciones federales de mitad de sexenio y con una autoridad electoral realmente independiente del gobierno –el Instituto Federal Electoral–, el PRI, por primera vez en su historia, perdió el control de la Cámara de Diputados, y el PDR, de nueva cuenta encabezado por Cuauhtémoc Cárdenas, logró un triunfo abrumador en la primera elección para jefe de gobierno de la capital de la República, la zona políticamente más plural y moderna del país (Meyer 940).

Para ver a Fuentes

En esta crónica Ramos lleva a cabo una fuerte crítica personal de las presentaciones del escritor Carlos Fuentes en Boulder (Colorado) y en Las Cruces (Nuevo México), al mismo tiempo que parece ponderar su compromiso público como intelectual. En el momento de leer el texto, quien admire a Fuentes y reconozca su capacidad de expresión (escrita y oral, en español y en inglés) deberá poner atención a la ironía de Ramos. Como bien observa Martin Camps (en particular sobre "El Paso de Cárdenas"), el veracruzano se centra principalmente en la forma al escribir su crónica sobre la presentación de su compatriota en el auditorio Macky de la Universidad de Boulder en Colorado: se burla de sus ademanes, lo convierte en sacerdote frente a su congregación. Los asistentes «liberales» y «demócratas» son también objeto de la crítica de Ramos, una burla ante la cual tampoco escapan los académicos: «¿Habrá algún escolar norteamericano que acepte el reto de establecer la relación existente entre los lectores de *Terra Nostra* y los votos para Billy Clinton?» (53). Pero al mismo tiempo que se muestra irónico frente a un público de centro y que enfatiza la teatralidad de Fuentes tanto con la «misa» (47-52) como en la conferencia de Las Cruces con sus «máscaras» y «defecciones» (54), Ramos dice lo siguiente: «(…) Carlos Fuentes es uno de los escasos escritores latinoamericanos que asumen el compromiso político de dar la otra versión de los hechos. Quedan ya pocos y cada vez son menos. Gabo y Carlos. ¿Quién más?» (55). Sin embargo, Ramos vuelve a la crítica al terminar su crónica con una referencia al hecho de que a García Márquez se le ha negado la visa para entrar a los Estados Unidos, mientras que Fuentes «tiene visa múltiple e indefinida» (55). Asimismo, con las últimas líneas de su crónica («a lomos del caballo tornasol de su palabra») Ramos critica los cambios de opinión en Fuentes. Si se trata de un comentario sobre la relación entre estos dos escritores y la política gubernamental estadounidense, para Ramos la posición política de Fuentes es cambiante mientras que la de García Márquez es constante.

La última batalla

El cronista observa el desencuentro que se dio en la Universidad de Texas en El Paso entre los que desfilan y los que se manifiestan en contra de un desfile que pretendía celebrar los 500 años de la llegada de Colón y, con ella, la conquista de la época. Si bien la «última batalla» es descrita como cómica y carnavalesca y más parecida al «fútbol americano» (60) que a una lucha a muerte, al mismo tiempo Ramos le otorga la importancia que tal evento tiene como acto simbólico: «hombres y bestias ritualizaban un acontecimiento que resume para vergüenza de la raza humana, la triste simpleza de asumir que el derecho es un ejercicio que sólo se conjuga en primera persona» (59). En suma, Ramos se opone a la conmemoración de hechos como los ocurridos durante la conquista española en las Américas. Siguiendo a Ramos, los hechos históricos se repitieron aquel 12 de octubre de 1992 cuando «la raza hegemónica» (57) o blanca se enfrentó una vez más contra la «aborigen» (60) con la ayuda de los «modernos tlaxcaltecas» (61). La referencia a la traición de los mexicanoamericanos plantea nuevamente el problema de la ideología al servicio de las clases dominantes por encima de raza, clase y origen nacional.

En busca de Anthony Quinn

El trabajo de Ramos era simplemente el de recoger y llevar al aeropuerto al actor Anthony Quinn. El resultado, una crónica en donde Quinn y el cine de masas de Hollywood se convierten en objeto de su crítica. La crítica se centra en la máscara o disfraz que pretende representar al *Otro* para el «ciudadano estadounidense medio» (65), pero que, en suma, resulta en un vacío y en una indefinición con respecto a la cultura ajena. Tal es el caso de Quinn: «lo han convertido en un símbolo para la comunidad latina en Estados Unidos. Un símbolo que mucho tiene de máscara; de una máscara que revela más que lo que oculta» (63). El cronista presenta hasta el extremo a un actor sin identidad y desconocedor de México y de la cultura latinoamericana en general, característica también de numerosos filmes.[15]

Aquella tormenta del desierto o lo que Villa les dejó.

En esta sexta crónica Ramos viaja por el desierto y visita los pueblitos de Columbus (Nuevo México, Estados Unidos) y Palomas (Chihuahua, México). Asimismo, visita el museo que recuerda el ataque de las tropas de Doroteo Arango (Francisco Villa, el Centauro) a Columbus en 1916. Siguiendo a Ramos, el ataque de las tropas de Villa sería, para 1992, la «primera incursión de una fuerza extranjera» (72) en territorio estadounidense. Con humor, comparaciones y paralelos, Ramos hace referencia a este

---

15 Para profundizar sobre esta y otras crónicas véase el libro de Fredric Jameson titulado *Postmodernism or, The Cultural Logic of Late Capitalism*.

evento histórico al mismo tiempo que se desplaza como turista por la región. Menciona la prosperidad que el ataque de las tropas villistas le trajo a Columbus en la época y su importancia para algunos de los habitantes tanto a principios de siglo como en la década de los noventa durante la cual escribe; es decir, el negocio de la guerra para algunos y el museo como medio de subsistencia y distracción para otros. En su referencia a la historiografía sobre la incursión mexicana presenta con humor la «pincelada popular» (75) entre las versiones de lo acontecido al mencionar un ataque «acompañado de las soberbias notas de La Cucaracha» (74). El museo como simulacro queda claro cuando el mismo Ramos menciona el hecho de que, más que sitio histórico es un «set cinematográfico» (77) en donde los objetos, la gente e incluso lo ocurrido no *es* y no *fue*, sino que *parece*. Ramos se ocupa también del origen y significado del nombre de los pueblos, Columbus y Palomas (80-81) y de su visita a una tienda de curiosidades en su regreso a El Paso. Aquí incluye referencias a la cultura popular con la canción «El golpe traidor» del músico y actor mexicano Antonio Aguilar. Una vez más, el lector verá la oscilación de Ramos entre diferentes regímenes de valor con la inclusión de información de diferentes ámbitos culturales.[16]

El eterno exilio de Victoriano Huerta

El título de esta crónica hace referencia al hecho de que Victoriano Huerta, «villano por antonomasia» (89) y «verdugo de la naciente democracia mexicana» (90) mu-

---

16 Para el lector que desee investigar sobre el ataque de las tropas mexicanas a Columbus, las intromisiones de Estados Unidos en México y, en general, sobre la lucha armada en México, puede consultar entre otros textos el de Berta Ulloa titulado «La lucha armada (1911-1920)».

rió en El Paso y hasta hoy en día sus restos todavía se encuentran fuera de México. Ramos divide esta crónica con humor e ironía con seis títulos: bajo los dos primeros, «Si muero lejos de ti...» y «La distancia se va haciendo menos», aparece información acerca de Huerta en el cementerio «La Concordia», y de su posterior traslado para ser enterrado en «Evergreen». Ramos camina por el «Evergreen» observando las tumbas y pensando en la escritura que sobre la visita hará posteriormente. En «De paso en El Paso» se ocupa de la llegada de Huerta a Estados Unidos, de su intención de encontrarse con Pascual Orozco y su arresto domiciliario. En «Crónica de una muerte anunciada» y «Si porque tomo tequila» un Ramos lector de periódicos incluye citas de las noticias que aparecieron tanto en inglés como en español en *El Paso Morning Times*. En 1916 el periódico publicó información sobre la muerte y el entierro del dictador mexicano. Con base en lo escrito por Ramos a partir de sus lecturas, tanto en el periódico como por parte del entonces alcalde de El Paso (Thomas C. Lea), la posición frente a Huerta es adulatoria. En contraposición y por fortuna, de su paseo por el cementerio Ramos le ofrece al lector una crítica del dictador. De esta manera se distancia de aquellos intelectuales que pretenden legitimar los intereses de la clase dominante y sus intereses económicos. La referencia al pasado y a Huerta en particular le sirve al cronista para hacer un comentario sobre la década de los noventa, es decir, sobre los malos o villanos del presente, como es el caso de Salinas (89). Siguiendo a Ramos, poco ha cambiado en cuanto a la corrupción y el delito entre la clase dirigente: los acontecimientos más recientes «hacen dar a la historia nacional el giro de 350 grados que la coloca a escasos 10 de donde estuvo al principio» (101). Valga comentar que Carlos Salinas de Gortari asumió la presidencia de México con un 50.7% del voto (Meyer 939) y supuestos problemas con el sistema de cómputo. Salinas, quien subió al poder bajo sospecha de fraude, ya como presidente negoció el Tratado de Libre Comercio de América del Norte (TLCAN) con Estados Unidos, desmanteló las barreras proteccionistas, privatizó las empresas, aumentó la deuda externa y dejó al país, como afirma Meyer, en «una nueva y terrible crisis económica» (899).

(Aquí...) todos somos El Chupacabras.

Las páginas dedicadas al chupacabras (goat sucker) se acercan a los estudios culturales, aunque sin el populismo acrítico y celebratorio que a veces los caracteriza. «El Chupacabras» fue producto de la imaginación de algunos y se hizo popular en la década de 1990 con la ayuda de la televisión estadounidense y latinoamericana. Como se observa en el título, Ramos se sitúa en Estados Unidos y apunta a que aquí los latinoamericanos son El Chupacabras, es decir, la «anticultura» (109) peligrosa. Ramos trabaja con oposiciones binarias y plantea que El Chupacabras simboliza para el norte o Primer Mundo ese sur que acecha constantemente: «Que no quepa duda: el engendro representa otro fenómeno (peligro) típicamente latinoamericano» (107). Posteriormente lo compara con E.T.: «Si El Extraterrestre cura, educa, ilumina y juega con los inocentes, El Chupacabras enferma, contamina y mata» (109). Asimismo, afirma que El Chupacabras es para muchos «la inconsciente encarnación de la xenofobia» (110), problema que también trata en «Museos Iú. Es. Ei.» al escribir sobre la discriminación de inmigrantes tanto ilegales como legales. En cuanto a los medios masivos de comunicación, importante resaltar el papel de Televisa (aliada histórica del TLC, como afirma Ramos) en la transmisión de este tipo de contenidos. Televisa, la influyente empresa mexicana de medios de comunicación, principal productora y exportadora de programas a diferentes continentes (su programación en Estados Unidos se transmite a través de Univisión) pertenece a la familia Azcárraga, que siempre ha mantenido vínculos con el gobierno de turno. Emilio Fernando Azcárraga, uno de los hombres de negocios más ricos de América Latina, ha continuado la tradición familiar al monopolizar el medio y beneficiarse de su complicidad con el PRI. En *Crónicas desde el país vecino* se observa un énfasis en los medios de comunicación como instrumento para diseminar posiciones gubernamentales y al servicio de intereses particulares. Puede decirse que tanto estos medios masivos de comunicación como los museos fronterizos funcionan como aparatos ideológicos del estado. Las noticias transmitidas contribuyen a propagar la idea de un mundo amenazante. Hoy en día queda clara la importancia que desempeñan los medios de comunicación en cuanto a la demonización del *Otro*, en particular del inmigrante mexicano (enemigo ficticio). La utilización de los medios es una de control y en la cual se promueve la falta de reflexión y la actitud pasiva y acrítica de lo que ocurre en el mundo.

Museos Iú. Es. Ei.

En cuanto al museo de Francisco Villa (*Crónicas*, 75-77) y en especial al Museo de la Border Patrol en «Museos Iú. Es. Ei.» (*Crónicas*, 111-130), el lector de Humberto Eco recordará el peregrinaje del italiano por los museos y otros espacios estadounidenses en donde se exhiben representaciones de personas y lugares en miniatura o de tamaño natural. Eco decía lo siguiente: «To speak of things that one wants to connote as real, these things must seem real. The 'completely real' becomes identified with the 'completely fake.' Absolutely unreality is offered as real presence» (*Travels in Hyperreality*, 7). Así como Eco se encuentra con estas copias «reales» de la realidad representada, Ramos se encuentra frente al guardia de inmigración del museo, uno que por lo visto dista de la perfección de las esculturas del artista estadounidense Duane Hanson:

> El museógrafo consiguió con parcial fortuna resaltar la iconografía del héroe guardafronteras: estatuas, bustos, una escultura hiperrrealista de un hermoso y varonil migra con uniforme y equipo, enmarcado por una bandera estadounidense que el buen trabajo del decorador ha hecho que parezca flamear contra el aire acondicionado de la sala» (122-123).

De todas las crónicas (incluidas las suramericanas),

«Museos Iú. Es. Ei.» (Museos USA) es tal vez la que con mayor fuerza critica el sistema. El autor se vale de su visita al Museo del Holocausto y al Museo de la Patrulla Fronteriza para denunciar la deshumanización del inmigrante y las consecuencias de las políticas de los actuales gobiernos de derecha. Tanto anglosajones como latinos (120) se prestan para celebrar las actividades de la Border Patrol en el Museo de la Patrulla Fronteriza, un lugar en donde los maniquíes esconden «el anhelo de un sistema que desea ser entendido en sus propósitos, justificado en sus procedimientos y además querido por ejercerlos a ultranza» (124).

Hacia 1995 y en Columbia University, Umberto Eco les explicaba a los estudiantes norteamericanos las características del Ur-Fascismo o «El fascismo eterno». Para Eco «la reflexión histórica quería promover una reflexión sobre problemas de actualidad en diferentes países» (*Cinco escritos morales*, 8). Del Ur-Fascismo Eco analizó más de catorce características; a continuación se mencionan algunas por su vigencia en los Estados Unidos actual: el culto a la tradición en una cultura sincrética en la cual ya ha sido anunciada la verdad y, como consecuencia, ya no puede haber avance del saber; irracionalismo; culto a la acción por la acción, sin reflexión; la cultura y el intelectual son sospechosos en la medida en que asumen actitudes críticas; rechazo del pensamiento crítico y de la comunidad científica; el desacuerdo como traición; el culto al heroísmo; el miedo a la diferencia, racismo; apelación de las clases medias frustradas; obsesión por el complot, xenofobia; elitismo de masa (cada ciudadano pertenece al mejor pueblo del mundo); presencia de un enemigo al mismo tiempo demasiado fuerte y demasiado débil; un «populismo cualitativo» en el cual el líder pretende ser el intérprete de la «voluntad común».[17]

A comienzos del 2007 Gabriel M. Schivone entrevistó a Zinn; le preguntó acerca de las intenciones y ramificaciones de la militarización de la frontera y acerca de la discriminación y persecución en las políticas fronterizas gubernamentales durante los siglos XIX y XX. El historiador respondió de la siguiente manera:

> I think the main purpose is not so much to keep people from crossing the border - they will always find a way to do so - but to create an atmosphere in the country that is viciously nationalistic, xenophobic, and hostile to strangers of any kind. By creating fear of people on the other side of the border, it gives the government more control over its own people. (…) The conclusion from this history is that we have an economic system that sees human beings as property to be used when it is useful, to be discarded when it is no longer profitable. The Chinese were welcomed to provide cheap labor on the transcontinental railroad, but then they were not needed. Creating hostility against them turned the attention of white workers away from their own exploiters and against «the other.» This has been the historic device used by corporations to divide the working class. The same factors operate today with Mexicans and other immigrants (Schivone 1).

El profesor Zinn afirmaba que uno puede mentir directamente sobre el pasado, puede omitir hechos que pue-

---

17 Véase «El fascismo eterno» en *Cinco escritos morales* (33-58).

dan llevar a conclusiones inaceptables, o puede mencionar brevemente la verdad enterrada en medio de otra información (*A People's History of the United States*, 8). Todo escritor selecciona y enfatiza, pero como afirma Zinn, la distorsión es más que técnica, es ideológica, y revela intereses de diferente tipo (Zinn 8). En *Crónicas desde el país vecino* quien ve, selecciona y describe el espacio es un escritor cuyo bagaje cultural le ha permitido conocer el país que recorre. Ramos no es, por supuesto, un turista ingenuo sorprendido ante un mundo exótico (no sobra recordar, además, que el autor vive actualmente en Texas). Por otra parte, tampoco es un cronista de Indias que en su desplazamiento por la zona prepara un documento que sirve como informe a una Corona o gobierno, ni narra grandes hazañas para legitimar poder político alguno[18]. Ramos viaja tranquilamente por Estados Unidos mirando el paisaje, y ya ni los insectos atacan el vidrio de su «escarabajo verde» (28), un Volkswagen que conduce desde Jalapa hasta Wichita. Volviendo al capital cultural de Ramos, éste incluye su conocimiento del sistema político de los Estados Unidos, de la cotidianidad del suroeste estadounidense y de la historiografía mexicana. Por esto mismo, como cronista está en capacidad de ahondar en la elaboración de la crónica y por ello va más allá de lo emotivo y sensorial para plantear temas sociopolíticos de importancia. Con esta elaboración de asuntos fronterizos y en general de la vida en el suroeste, Ramos produce un objeto ideológico en el cual asume una posición contra el poder establecido. En *Crónicas desde el país vecino* queda clara su posición de enfrentamiento contra el imperialismo de los

---

18   Sobre las llamadas Crónicas de Indias (Colón, Cortés, Díaz del Castillo, Cabeza de Vaca, Bartolomé de las Casas, Fernández de Oviedo y el Inca Gracilaso de la Vega) y la narrativa hispanoamericana en general véase por ejemplo el estudio de Rodríguez y Salvador.

gobiernos estadounidenses del siglo XIX y XX; la crítica contra aquellos políticos mexicanos que traicionaron las causas sociales, como el dictador Huerta; su oposición a la manipulación de los medios masivos de comunicación como transmisores de una ideología cuyo objetivo es el control de la población; la denuncia de la xenofobia contra el latinoamericano; la criminalización del inmigrante ilegal; la crítica a la celebración de acontecimientos que resumen «la vergüenza de la raza humana» (59), como el inicio del genocidio después de 1492 y, la denuncia contra el ascenso de la ultraderecha en Estados Unidos.

Como texto finisecular, *Crónicas desde el país vecino* alude o menciona explícitamente problemas relacionados con una etapa histórica en la cual se impone el neoliberalismo como paradigma económico y político. Como afirma Robert W. McChesney en su introducción al libro de Noam Chomsky, «(neoliberalism) refers to the policies and processes whereby a relative handful of private interests are permitted to control as much as possible of social life in order to maximize their personal profit» (Chomsky 7). Estas políticas neoliberales representan los intereses de una minoría de corporaciones e inversionistas multimillonarios y poderosos, al mismo tiempo que la desigualdad social y económica crece masivamente[19]. Ramos escribe desde Estados Unidos y durante la última década del siglo XX. Sin duda, el contenido de su texto es pertinente para las primeras décadas del siglo XXI.

---

19 Para el interesado en obras que tratan el tema de la pobreza (oprimidos en la frontera, incluidas las mujeres y los niños) véanse por ejemplo los libros de Carlos Fuentes, Rosina Conde y Luis Alberto Urrea. Asimismo, la película de Tommy Lee Jones «The Three Burials of Melquiades Estrada» con su particular inversión de papeles entre mexicanos y estadounidenses. En cuanto a crítica, Debra A. Castillo ha publicado dos libros en donde estudia algunos de los autores mencionados en esta introducción: *Easy women: sex and gender in modern Mexican fiction* y *Border women: writing from la frontera*.

Otras crónicas

A continuación se hace breve referencia a cuatro crónicas no incluidas en la presente edición de *Crónicas desde el país vecino* por ser textos escritos desde Latinoamérica.

Ramos continúa viajando por el continente americano y dejando testimonio en sus crónicas. Ha publicado «Oh tierra del sol (de medianoche)», resultado de los apuntes de un crucero que realizó en el 2006 por la costa del Pacífico boreal. «Rumbo a las tierras del Chivo» corresponde a viajes que hizo en el 2003 a Puerto Rico y República Dominicana, mientras que «Al pie de la cordillera» es resultado de viajes que hizo en el 2002 a Chile y Argentina. En cuanto a «Chacaltianguis en los tiempos del cine», Ramos la llama «una crónica-bitácora cinematográfica de la filmación de *El coronel no tiene quien le escriba*»[20], película del director mexicano Arturo Ripstein (coproducción con España y Francia, 1999) sobre la novela homónima de García Márquez. Por otra parte, los lectores podrán estudiar una crónica histórica por aparecer basada en la investigación de un hecho acontecido a principios del siglo XX. Se titula «En tiempos de Santanón» y, según afirma el autor, trata de la historia de un bandido que se unió a la guerrilla revolucionaria antes de que se desatara la revolución en noviembre de 1910. Según Ramos, Santanón «era un mulato de 1.96 de estatura, una especie de Robin Hood veracruzano con una historia digna de una telenovela».[21]

La heterogeneidad de las crónicas revela la intención de Ramos de escribir textos de diversa índole o con distinto énfasis (crónicas históricas, periodísticas, de viaje y de

---

20   Entrevista con Villamil.
21   Ibídem.

interpretación del espacio observado). No sobra decir que los textos difieren en cuanto a su estrategia narrativa; es el caso de «Chacaltianguis en los tiempos del cine», el cual se distancia de los otros por la inclusión de citas (la palabra de otros aparentemente no filtrada por Ramos). Sin embargo, son más las similitudes que las diferencias: aquí, al igual que en *Crónicas desde el país vecino*, Ramos mantiene su mirada irónica y humorística, así como su oscilación entre diferentes regímenes de valor con intertextos provenientes de diferentes ámbitos culturales.

De habitante de la frontera del suroeste estadounidense Ramos pasa a ser turista en la llamada última frontera (The Last Frontier): Alaska. Con el título «Oh tierra del sol (de medianoche)» hace un juego de palabras, pues alude tanto a un verso de la canción oaxaqueña «Canción Mixteca» del compositor José López Alavés y al significado de la palabra «Alaska» como «Tierra del sol de medianoche». Sin embargo, más que añorar su patria y recordar con pena alguna ausencia, el escritor se centra en su viaje de una semana por la costa boreal.

Ramos observa el paisaje de este «paraíso para ecologistas», pero al mismo tiempo y tal vez con mayor énfasis escribe sobre lo social. No es un turista despreocupado o inmerso que reproduce la mentalidad de ese cronotopo (el barco en el 2006), sino, una vez más, es un sujeto distanciado y crítico. De esta manera critica el estado de cosas y la jerarquía social que funciona al interior del barco que lo lleva por la costa ártica, o alude a asuntos políticos, tanto de la zona que recorre como de México a través de asociaciones libres. Una vez más, la escritura de Ramos se caracteriza por su tono irónico y su mirada poco benévola en el momento de juzgar a quienes observa (ejemplo de lo anterior se lee en su descripción de los pasajeros que participan en los *spas*, gimnasios, pistas de jogging y fiestas de vestido largo y smoking). Ramos, consciente de su posición en el barco, también crea una imagen de sí mismo para el lector: así, a pesar de que (o precisamente porque) viaja en su «privilegiada posición de burgués con tarjeta de crédito», las dimensiones de su camarote y la vista al mar se ven reducidas en comparación con aquellos que tienen capital económico.

Este burgués (perteneciente a la fracción dominada de las clases dominantes, siguiendo a Pierre Bourdieu) evidencia su poder de pensamiento con el texto y su falta de poder económico en el barco. En «Oh tierra del sol (de medianoche)» el lector se encuentra principalmente con referencias literarias, las cuales son utilizadas por Ramos para tratar lo económico, lo político y lo ideológico en diferentes espacios sociales (tales como el simulacro en la sociedad de consumo y asuntos de clase y raza). Por supuesto, y como corresponde a un turista que viaja por Alaska, describe la geomorfología, la fauna y la flora del lugar. Quien no espere descripciones de este espacio desde las ciencias exactas disfrutará en mayor medida las observaciones que hace este cronista y escritor de ficción. Entre las referencias enunciadas anteriormente, Ramos alude a la novela *Cien años de soledad* y a López Velarde, y menciona a García Márquez, a Ellison y su novela *Invisible Man*, así como a Melville, Poe y Tablada.

Es precisamente tanto la inclusión como la forma en

que Ramos integra diferentes intertextos lo que hace que sus crónicas puedan resultar exigentes para lectores no versados (tanto en la llamada alta cultura como en la cultura popular o de masas). Igualmente, en algunos de sus textos la distribución de la información, sumada al extrañamiento que contribuye a la literariedad de su escritura, hace que esta última resulte más hermética. En este sentido su escritura se distancia, por ejemplo, de algunas de las crónicas que de García Márquez escribiera en los años cincuenta.

Para construir «Al pie de la cordillera» el autor apela a datos históricos y geográficos, así como al folklore y a los mitos populares. Entre otros temas, comenta la situación de Chile y su papel en las relaciones entre los países suramericanos. En cuanto a su crítica al golpe del 11 de septiembre de 1973 y al asesinato de Salvador Allende, dos párrafos resumen dos posiciones enfrentadas: quienes desean borrar de la historia al dictador Pinochet (es el caso del Museo Nacional de Santiago), y quienes aún hoy, abiertamente, glorifican el golpe militar y sus protagonistas (Museo Naval de Valparaíso). Asimismo, hace referencia a un problema que sigue siendo hoy una realidad en el mundo de las relaciones internacionales, es decir, los negocios entre altos dirigentes políticos. En «Al pie de la cordillera» Ramos también expresa cuánto le gusta Valparaíso; se refiere a la comunidad protestante de la ciudad, a la historia de la estatua de Caupolicán y principalmente a los perros callejeros; menciona Puerto Mont, la carretera Panamericana y la inmigración alemana a la tierra de los Mapuches; se detiene en la isla de Chiloé para comentar su geografía, su arquitectura, y la «iconografía de su imaginario mágico». Valga añadir que tanto en esta crónica como en «Rumbo a las tierras del Chivo» y en la escritura de Ramos en general aparece la mujer como objeto deseado por el hombre. Los comentarios sobre el cuerpo femenino son consecuentes con el punto de vista heterosexual del autor y con la falta de «corrección política» que caracteriza todas sus crónicas.[22]

En «Rumbo a las tierras del Chivo» narra sobre la República Dominicana, país al cual llega desde Puerto Rico en un ferry. El título alude al cronista en su viaje hacia República Dominicana, país del dictador Rafael Leonidas Trujillo a quien apodaron «El Chivo». La crónica parece dar cuenta de un viaje menos afortunado, y la crítica de Ramos se dirige inicialmente contra un Puerto Rico colonizado por Estados Unidos. Sigue con un comentario sobre las reacciones negativas hacia la novela de Mario Vargas Llosa titulada *La fiesta del Chivo*, y dedica las últimas páginas a lo que puede considerarse un análisis semiótico del «Monumento a los gloriosos héroes del 30 de mayo de

---

[22] Sobre el tema (visión de mundo masculina, definición con respecto a las mujeres) véase la entrevista realizada por Vicente Francisco Torres y María Esther Castillo (Camps y Moreno), y lo escrito por el mismo Ramos en su «Epílogo» (Camps y Moreno). En cuanto a la «corrección política», la falta de ésta es útil para Ramos en el momento de tratar temas relacionados con ideología y política exterior. Una imagen es la creada por la atracción que Ramos experimenta hacia las mujeres en el Archipiélago Antillano, y otra muy diferente la creada por su crítica contra la derecha racista: «Una mujer gorda y rubia deambula retadora y petulante enfundada en una apretada camiseta. Se siente como en su casa. Su torso de gladiadora resalta el letrero al que «unas tetas vastas como frutos del más pródigo papayo» (otra vez Díaz Mirón) contribuyen a volver ineludible: *Support our Troops*» (*Crónicas*, 118). Lo mismo ocurre en la siguiente cita, tomada de la misma página: «La gorda me mira mirarla, identifica mi aspecto y se lanza en mi dirección sacando el pecho y por consiguiente el letrero. Obviamente desea que me entere de quién es y de por qué esta ahí y que, de haberlo sabido, se hubiera puesto una camiseta más adecuada para el momento: *White Power. Wetback stay at home* o algo por el estilo. La miro incrementar la velocidad y acortar la distancia acelerada y dispuesta mientras que en mi cabeza resuena la insistente musiquita de *Tiburón*; pero su porte la coloca más cerca de *Moby Dick*, y yo, que no estoy para colisiones, le cedo el paso» (*Crónicas*, 118-119).

1961» y de la placa que se encuentra a su lado. Atento a los matices, Ramos se refiere al hecho de que los dominicanos terminan manteniendo la presencia del dictador en la isla, otorgándole una importancia que debieran evitar. La crónica termina con dos párrafos que describen el monumento y el lugar que lo rodea, dejándole al lector un texto que tiende a lo literario, y una imagen grotesca tanto del espacio observado como de Trujillo.

«Chacaltianguis en los tiempos del cine» es la crónica afable de Ramos. Recrea la filmación de una película en un pueblo, y los resultados de tal suceso. Para construir este momento en la historia, Ramos incluye la palabra de los lugareños y de los forasteros, así como fotografías del pueblo y de la gente que participó en la película. El tema contribuye al tono, pues se trata de la filmación de un guión en Chacaltianguis, pueblo en los márgenes del río Papaloapan (Veracruz). Gracias a este texto polifónico el lector tiene acceso a diferentes puntos de vista y a varios registros lingüísticos; puede, además, formarse su propia opinión al respecto, ya que la voz de Ramos se impone en menor medida en comparación con otras crónicas (su presencia, de alguna manera, es una más entre todas). Por supuesto que Ramos interviene con su particular humor, y su organización del material contribuye a modificar la recepción. «Chacaltianguis en los tiempos del cine» incluye comentarios de Ramos sobre la obra de García Márquez, la concepción que del cine tiene Ripstein, y las reacciones de los chacaltianguenses frente a la novela del primero o frente a la película del segundo. En última instancia, la crónica representa el perspectivismo en la recepción de la obra de arte (sea literatura, cine o adaptaciones literarias al cine). La recepción de esta crónica, como ya se planteó, dependerá de la visión de mundo de quien lea en el momento de comentar lo dicho por otros.[23]

Julio Ortega decía lo siguiente sobre la evolución de la crónica del XIX al XX:

> (…) entre una y otra imagen sublimada por el arte, hay un espacio de intervención creciente en el que la crónica irá recuperando las voces de los márgenes. La crónica moderna irá así levantando una representación novedosa de los contextos y los escenarios donde el Otro, el sujeto colonial pero también la mujer, aportan su propio testimonio. (…) Con su cosmopolitismo, buen ánimo exploratorio, y gusto por el exotismo, la crónica se demora en la pequeña historia, y se alimenta de las vidas no heroicas sino domésticas, de la interioridad de la biografía y de las habitaciones interiores (2).

Tal es el caso de los textos de Ramos: crónicas de viaje alejadas de los grandes centros urbanos, abiertas a la inclusión de grupos marginados y alimentadas por la interioridad a la cual hacía referencia el peruano.

Sobre el papel público del intelectual, Edward Said afirmaba que debía ser como un «francotirador, amateur y perturbador del statu quo» (12). Con sus crónicas publicadas en periódicos, revistas y libros, Ramos se acerca al intelectual que describía Said. Sus crónicas seguirán siendo de interés como escritura que permite la inclusión de una voz en la esfera pública opuesta al status quo. Su condición de intelectual en el exilio, por otra parte, le permi-

---

23   El lector de crónica mexicana recordará *La noche de Tlatelolco*, libro en el cual Elena Poniatowska incluyó la perspectiva de muchos ante la masacre de 1968 en la Plaza de las Tres Culturas.

te tener aquella «doble perspectiva que nunca muestra las cosas aisladas» (79) de la cual hablaba Said. En conclusión, con su sentido crítico Ramos se suma a aquellos escritores latinoamericanos que asumen el compromiso público de dar otra versión de los hechos.

María Elvira Villamil B.
University of Nebraska at Omaha

Bibliografía

Azuela, Mariano. *Los de abajo*. México, D.F.: Fondo de Cultura Económica, 1974.

Bencomo, Anadeli. *Voces y voceros de la megalópolis. La crónica periodístico-literaria en México*. Colección Nexos y Diferencias, 4. Madrid: Iberoamericana-Vervuert, 2002.

Bourdieu, Pierre. «The Social Space and Its Transformations». *Distinction. A Social Critique of the Judgment of Taste*. USA: Harvard University Press, 1984.

Campbell, Federico. *Transpeninsular*. México: Editorial Joaquín Mortiz, 2000.

Camps, Martín y Moreno Montero, José Antonio (Compiladores). *Acercamientos a la narrativa de Luis Arturo Ramos*. Ciudad Juárez, Chihuahua, México: Colección In Extenso. Serie Crítica. Universidad Autónoma de Juárez, 2005.

Camps, Martin. «Crónicas desde el país vecino de Luis Arturo Ramos». *La Palabra y el Hombre*. Xalapa, Veracruz, México: Revista de la Universidad Veracruzana, No. 139, julio-septiembre de 2006.

Castillo, Debra A. y María del Socorro Tabuenca. *Border women: writing from la frontera*. Minneapolis: University of Minnesota Press, 2002.

Castillo, Debra A. *Easy women: sex and gender in modern Mexican fiction*. Minneapolis: University of Minnesota Press, 1998.

Conde, Rosina. *Embotellado de origen*. México: Instituto Cultural de Aguascalientes, 1994.

Corona, Ignacio and Jörgensen, Beth E. (editors). *The Contemporary Mexican Chronicle. Theoretical Perspectives on the Liminal Genre*. Albany, New York: State University of New York Press, 2002.

Chomsky, Noam. Introducción de Robert W. McChesney. *Profit over People. Neoliberalism and Global Order*. New York: Seven Stories Press, 1999.

Eco, Humberto. *Travels in Hyperreality*. USA: Harvest/Harcourt Brace Jovanovich, 1990.

_____. *Cinco escritos morales*. Barcelona, España: Debolsillo, 2006.

Fuentes, Carlos. *La frontera de cristal. Una novela en nueve cuentos*. México D.F.: Alfaguara, 1995.

García Márquez, Gabriel. «USA: mejor cerrado que entreabierto». *Notas de prensa 1980-1984*. Bogotá: Editorial Norma, 1995.

Jameson, Fredric. *Postmodernism or, The Cultural Logic of Late Capitalism*. Durham, North Carolina: Duke University Press, 1991.

Jones, Tommy Lee. «The Three Burials of Melquiades Estrada» (2005). Filme.

Jordán, Fernando. *El otro México: Biografía de Baja California*. México: Candesa, 1951.

King, John, ed. *The Cambridge Companion to Modern Latin American Culture*. United Kingdom, Cambridge: Cambridge University Press, 2004.

Martínez Suárez, José Luis. «La necesidad de creer y la obligación de inventar: los cuentos para niños de Luis Arturo Ramos». *Contrapunto 6*, Vol. 2, septiembre-diciembre. Editora de Gobierno del Estado. Veracruz, 2007.

Meyer, Lorenzo. «De la estabilidad al cambio». *Historia general de México*. México D.F.: El Colegio de México, Centro de Estudios Históricos, 2000.

Monsiváis, Carlos. «De la santa doctrina al espíritu público. Sobre las funciones de la crónica en México». *Nueva revista de filología hispánica*, vol. 35.2: 753-771. México: El Colegio de México, 1987.

_____. *A ustedes les consta. Antología de la crónica en México*. México: Ediciones Era, 1999.

Moretti, Franco. *Signs Taken for Wonders. On the Sociology of Literary Forms*. London, UK: Verso, 2005.

Ortega, Julio. «Nueva crónica de las islas». Prólogo a crónicas caribeñas de Edgardo Rodríguez Juliá, Sanjuán, Puerto Rico, Editorial del Instituto Puertorriqueño, 2002. http://www.brown.edu/Departments/Hispanic_Studies/Juliortega/caja.html#crónica%20de%20las%20islas

Poniatowska, Elena. *La noche de Tlatelolco*. México, D.F.: Ediciones Era, 1972.

Ramos, Luis Arturo. *Crónicas desde el país vecino*. México, D.F.: Universidad Nacional Autónoma de México (UNAM), 1998.

_____. «Las fronteras genéricas: cuento, novela, crónica». *Explicación de Textos Literarios*. Sacramento, California, Estados Unidos: California State University, diciembre de 1999.

_____. «Oh tierra del sol (de medianoche)». *Punto y aparte, Semanario de Información y Cultura*; Jalapa, Veracruz: Año XXVIII, No. 1424. Jueves 15 de marzo del 2007. Páginas 2-3 y 20.

_____. «Al pie de la cordillera». *Crítica, Revista de la Universidad Autonoma de Puebla*, No. 101, octubre-noviembre, 2003. Páginas 15-26.

_____. «Rumbo a las tierras del Chivo». *Caribe*, No. 1. Tomo 6, verano del 2003. Marquette University y Western Michigan University, páginas 68-73.

_____. «Chacaltianguis en los tiempos del cine». *Libro-guión de El coronel no tiene quien le escriba*, páginas 11-13. México, Universidad Veracruzana, 2000, 144 pp.

_____. *Intramuros*. México D.F.: Universidad Veracruzana, 1983.

_____. *Este era un gato...* México D.F.: Editorial Grijalbo, 1988.

_____. Entrevistas con María Elvira Villamil realizadas por la Internet. Mayo de 2007 y Febrero 2008.

Rodríguez, Juan Carlos, y Salvador, Álvaro. *Introducción al estudio de la literatura hispanoamericana*. Madrid: Ediciones Akal, S.A., 1994.

Rotker, Susana. *La invención de la crónica*. México: Colección Nuevo Periodismo, Fondo de Cultura Económica, 2005.

Said, Edward W. *Representaciones del intelectual*. Bogotá, Colombia: Random House Mondadori S.A., 2007.

Schivone, Gabriel Matthew. «Determining Justice in our Current History. An Interview with Howard Zinn». *Z Magazine Online*: February 2007, Vol. 20, Num. 2. http://zmagsite.zmag.org/ Feb2007/schivone0207.html

Sarlo, Beatriz. «Modernidad y después: la cultura en situación de hegemonía massmediática». *Alteridades*, 1993. 3 (5): Págs. 51-58.

Ulloa, Berta. «La lucha armada (1911-1920)» *Historia general de México*. México D.F.: El Colegio de México, Centro de Estudios Históricos, 2000.

Urrea, Luis Alberto. *By the Lake of Sleeping Children. The Secret Life of the Mexican Border*. New York, USA: Anchor Books, Doubleday, 1996.

Villamil, María Elvira. «Algunos aspectos de *Crónicas desde el país vecino*.» *Contrapunto*. Editora del Gobierno del Estado de Veracruz, México. Número 5, diciembre de 2007.

Villoro, Juan. *Safari accidental*. México D.F.: Editorial Joaquín Mortíz, 2005.

Williams, Raymond L., y Rodríguez, Blanca. *La narrativa posmoderna en México*. Xalapa, Ver.: Biblioteca Universidad Veracruzana, 2002.

Zinn, Howard. *A People's History of the United States: 1492-Present*. New York: Perennial Classics, an imprint of HarperCollins Publishers, 2001.

CRÓNICAS
DESDE
EL PAÍS VECINO

Estas crónicas se publicaron en el semanario
Punto y Aparte de Xalapa, Veracruz.

Luis Arturo Ramos

CRÓNICAS DESDE EL PAÍS VECINO

Para Teresa que, entre otras cosas, me enseñó a ver amarillo el desierto

Luis Arturo Ramos

Hacia el país vecino

I. Celebración de los puentes

En una ocasión me preguntó un amigo qué significaba vivir junto al mar. Mi respuesta fue una sarta de frases deshilvanadas más cercana a un dudoso sentido de lo poético que a la realidad. La respuesta no satisfizo pero la pregunta quedó ahí. Hace poco, a raíz de un viaje a Ciudad Juárez, la duda reapareció redonda y terminante aunque replanteada por las exigencias de la geografía. ¿Qué se siente vivir en la frontera?, pregunté a mi anfitrión, ¿vecino al país más poderoso del mundo? Esta vez la respuesta se diluyó en un encogimiento de hombros.

Las palabras no venían al caso: la respuesta resultaba evidente.

Justo a mitad del puente, donde es leyenda que William Carlos Willams se detuvo para escribir un poema, miro las dos banderas. Dóciles al viento, ondean en un mismo sentido. Entre ambas, los hombres que se afianzan a la alambrada lateral que impide que alguien busque atajos en el camino, miran también en una sola dirección. Andan y desandan la suave y elegante curva del puente con un paso entre cansino y ansioso. Los veo mirar mientras espero en una larga fila de autos que hacen cola para cruzar la frontera. Ellos no responden a mi mirada. No les interesa; sin embargo saben quiénes somos. Los otros, los que pueden cruzar sin más problemas que el insulso interrogatorio de un migra malhumorado.

Quienes disputan mi atención son los vendedores que hostigan la caravana de automóviles. Yo me defiendo con el poderoso Winchester de la indiferencia de estos apaches previamente derrotados por la economía y la historia, mientras con el rabillo del ojo los contemplo pintados para la guerra con la policromía del acné y la anemia. Cargan una y otra vez, en sucesiones continuas, contra los flancos de los automóviles. Inocuas hordas armadas con churros, pepitorias y la abigarrada iconografía vernácula: Guadalupes, Jesuses crucificados en yeso y enhiestos caballeros águila.

En el sitio exacto donde los dos países se tocan, la línea divisoria resulta tan difusa como el lugar donde cae la mirada. La luz tiene otra consistencia y la frontera la lleva cada quien en la espalda. Se mueve en un reflujo constante en ambas direcciones. Me percato de que los dos países ni se unen ni se apartan, se rebasan simplemente. La perspectiva me obliga a recordar una canción de mi ya lejana adolescencia: «Dime tú, puente de piedra/Dónde se ha ido/ Dónde se ha ido/Si se fue por la cañada/O por la orilla del río». Acababa de cumplir los 13 años e ignoraba lo que aquellas muestras de la ingeniería civil pudieran saber del destino de las muchachas cuando, por si fuera poco, éstas ni siquiera habían puesto los pies en el puente en cuestión. No obstante, la pregunta lanzada al viento desde el acetato (así le decían entonces a los Ci Di) de 45 revoluciones por minuto, me dejó en claro que además de interlocutores de los amantes en desgracia, los puentes servían para otras cosas no menos importantes.

Acababa de cumplir 13 años y no conocía ni la frontera ni los puentes, porque donde nací los ríos no sólo se llaman de otra manera (Coatzacoalcos, Papaloapan) sino que resultan tan anchos que ameritaban chalanes para viajar de orilla a orilla. Aquí, en la frontera del norte, son angostitos y se nombran «Bravo», tal vez como sarcasmo de su franciscana mansedumbre, y «Grande», gracias a la misma licencia poética (o mercantil) que permitió que Nelson Ned fuera conocido como «el gigante de la canción».

Más tarde supe que, a diferencia de los versos de la melodía, los puentes tienen más relación con las cañadas y los ríos, que con las ingratas en perpetua escapatoria. Las aportaciones de los accidentes geográficos a la política, resultan considerables. ¿Qué sería de ella sin el auxilio de los ríos y las cordilleras que facilitan la irredenta vocación del hombre de parcelarlo, referenciarlo y constreñirlo todo?

Pero ni los puentes ni la situación resultan tan dramáticos como parecen. Los ríos que parten en dos un territorio que la lógica advierte similar, contribuyen con el necesario color poético tan necesitado por la simplista aridez de las ciencias geográficas. Basta ver los mapas para percatarse de ello. El río que marca la frontera desde Tamaulipas a Chihuahua, resulta más digno de observación y sobre todo de confianza, que la pretensiosa y artificial línea entrecortada que continúa hasta el Pacífico.

Reconozco sin embargo que aunque por mi tierra los ríos son más grandes, aquí los puentes resultan más originales y reveladores. Y como irrefutable prueba de que cuando *natura non da*, la palabra entra en acción, los juarenses han hecho con sus puentes, si no proezas de ingeniería, sí definitivas hazañas de lenguaje. Alucinados tal vez por el irredento espejismo del desierto, sus puentes salvan ideas, entelequias o espejismos, más que obstáculos reales. (No en vano por estas latitudes se ubicaron las Siete ciudades de Cibola[1].) De ahí que los hayan concebido de todo tipo. Los tienen sin sentido de la orientación, corno el Puente al Revés; los hay que lloran el paso del tiempo, como el Arrugado; hay uno que resiente la marginación del racismo, como el Negro, y otro más, corno el Santa Teresa, que pocos utilizan, nadie sabe si por temor o por respeto al virginal peso de su nombre. Qué diferencia del generoso y promiscuo Puente Libre que todos transitan al derecho y al revés, a horas y a deshoras. Hay uno con tales problemas de identidad, que de Sur a Norte se llama Lerdo y de Norte a Sur, Stanton. No sólo los han construido arabescarnente curvos para garantizar el paso de los buques que algún día irán de mar a mar; sino que los han hecho tan puentes, que se salvan a sí mismos y se pasan por el arco de los olvidos necesarios a los migras de ida, y al ominoso rojo del semáforo fiscal, de vuelta.

Por ello no es extraño que los juarenses, con la ayuda de todos los mexicanos, los hayan convertido hasta en escuela gracias a las cotidianas, reveladoras y multidiscipli-

---

1   Las *siete ciudades de Cibola*: Francisco Vázquez de Coronado (1510-1554), fue el primer explorador europeo en el suroeste de Norteamérica. Iba, entre otras cosas, en busca de las siete ciudades de Cibola que, según el mito propagado por los indígenas, eran ricas en oro y piedras preciosas. Lo que encontraron fue un triste y miserable caserío.

narias clases impartidas en los barrocos salones de aprendizaje que se levantan entre las dos aduanas. Si existe la universidad de la vida, aquí se ubica uno de sus campus más conspicuos y el tránsito por los puentes equivale cuando menos a una carta de pasante. Y yo, concienzudo usuario de los puentes que orillan las Fiestas Patrias con los fines de semana por lejanos que se encuentran las unas de los otros, celebro el haberme convertido en transeúnte de estos otros que conducen hacia ambos lados para alcanzar la orilla de multitud de cosas.

Termino esta sección no sin antes recordar otra melodía que, curiosamente, también habla de cruzamientos y de muchachas: «los barandales del puente/se estremecen cuando paso/morena mía... ¿ya tienes tu *green card*?»

II. El Paso que dejó de serlo

En la Universidad de Texas los edificios imitan la conformación y la textura del entorno. Las construcciones reflejan la piedra, el color de la tierra y la simetría secreta de un paisaje que los arquitectos forzaron a entrar en las rectas y coordenadas. Todo parece levantarse de la profundidad de un desierto que alguna vez fue mar. El viento imita tormentas prehistóricas y del fondo de la piedra surge el recuerdo del oleaje.

El conjunto resulta armonioso, y el toque que permitió el equilibrio entre el centro educativo y el refugio para bombas fue realizado con inteligencia. Me dicen que gracias al Fort Bliss, la zona en que me encuentro es uno de los blancos estratégicos de la Guerra de las Galaxias. Ante tales aclaraciones uno no puede sino pensar en el destino y en los designios. Estamos en el vértice donde convergen líneas y vectores ajenos a nuestro entendimiento y a nuestra voluntad. Donde la política internacional ha puesto el ojo.

Cerca de El Paso, metido entre la roca y la lejanía de la sierra, un poste marca el sitio donde se unen tres espacios: Chihuahua, Nuevo México y Texas. Alguien afirma que los habitantes de esta ciudad se sienten más nuevomexicanos que texanos; pero nada vale la opinión personal. Fort Bliss, la amenaza de los *missiles* y la absurda línea de la frontera, no transparentan sino la certidumbre de que todo ha hecho caso omiso de la voluntad del paisaje. Este abrió pasos y levantó barreras como muestra de una decisión tomada hace millones de años.

Desde el mirador que domina la ciudad, diviso nítidamente la línea fronteriza. «Detrás de esa carretera está Juárez», me dicen. A lo lejos, la diferencia de tonos separa los dos territorios. Y aquí no valen metáforas acerca del matiz de los nuestros *versus* el color de ellos. La separación resulta clara y objetiva: dos espacios, uno verdinegro y el otro blancuzco, marcan el cielo de los dos países. Ellos tienen el agua, nosotros el polvo que recorre la llanura como un inmenso caballo gris que crece con la distancia.

Al otro día, de vuelta a Juárez (los que tenemos papeles podemos cruzar a voluntad garitas y retenes sin más problema que el que se deriva de las largas colas de automóviles), me llevarían a conocer la casa de Juan Gabriel. Perteneció a la familia Montelongo, dinastía a la que sirvió como empleada doméstica la mamá del compositor. Este adquirió la casa para su progenitora y la comunidad está a la espera (y con ella todos los que creemos en la justicia poética) de que Juan Gabriel emplee a una Montelongo para que atienda a su señora madre.

Pero ahora estoy en el mirador y contemplo a mi país como si lo tuviera pintado, enterito, en un cuadro en la pared de mi casa. El «Old Mexico», dicen los perezosos habitantes de este lado para diferenciarlo del Nuevo con que nombraron a un estado. Es una ancha, polvorosa, cambiante superficie que crece y se dilata. Ni el mar se presta para la semejanza. Igual de grande sólo que más húmedo, bromean mis compañeros. La definición del silencio parece estar más cerca de aquí que de otros lugares.

Dos noticias dominan la primera página de los periódicos de El Paso: el asunto del cianuro en los analgésicos y la tortura a que fue sometido el agente de la DEA, Camarena Salazar: para los americanos el mundo exterior se redujo a la multicomprobada posibilidad de ser asesinado. Carnarena Salazar ruge de dolor desde una cinta grabada y patentiza una vez más que la justicia sólo es de este mundo. Por su parte, las amas de casa asumen con estoicismo la certidumbre de que ni siquiera el supermercado, corazón y cerebro del sistema americano, permanece seguro. La brutalidad se mide con raseros distintos. Para ellos no parece ser lo mismo morirse a retortijones víctimas de una mano anónima, que a golpes de desalmados tercermundistas.

Rumbo a Las Cruces, Nuevo México, nos detenemos en La Mesilla, pueblo de triste memoria, como afirman los libros de nuestra historia. Sin embargo, pese al ominoso recuerdo, me parece un sitio simpático, con esa calidad disneylandesca con que todo lo histórico se recubre en este país. Se respira el aire alegre y soleado de los limpios pueblos del desierto. En el parquecito central, las dos banderas en pugna sirven de decoración a una placa que recuerda los negocios de Santa Anna. Y yo, tan lejos de Jalapa y tan cerca de los contratos de compra–venta, me imagino al cojo[2] que a lo mejor todavía ni lo era, dando saltitos de gusto y esperanza. El desierto enmarca a La Mesilla con la exactitud y justeza de las grandes soledades.

Rodamos rumbo a Las Cruces por la ruta de Juan de Oñate. A pesar de que nos adentramos en el país, las muestras del pasado español y el presente mexicano saltan a la vista a cada momento. Nada me resulta ajeno en este recorrido por un desierto que no habrá de terminar sino hasta el océano Pacífico.

III. U. S. Mail

Cuando interrogan a ciertos escritores acerca de sus temas, responden con un lugar común: yo no los escojo, ellos me escogen a mí. Algo debe haber de cierto en la afirmación, porque cada vez que vengo a este país, me abruman los presagios apocalípticos. Yo no los busco, ellos me aguardan. En San Antonio, Texas, hace ya casi diez años, me tocó presenciar cómo un desequilibrado aprovechó la celebración del Fiesta–Week para eliminar congéneres más allá de toda discriminación racial. Hace algunos me-

---

2 *El cojo*: se refiere a Antonio López de Santana, quien nació en Jalapa, Veracruz. Es uno de los villanos de la historia mexicana. Perdió la pierna en una batalla contra los franceses; de ahí el apodo de «el cojo». Vendió el territorio de La Mesilla al gobierno norteamericano precisamente en el pueblo de La Mesilla, Nuevo México.

ses, en El Paso, un loco dedicó horas de paciente labor a distribuir gotitas de arsénico en cápsulas de analgésicos. Todavía recuerdo con asombro y espanto la torre desde la que un veterano de Vietnam hizo gala de su entrenamiento en cerca de veinte cuerpos humanos.

Alternaba el ejercicio de la ejecución masiva con meticulosas aplicaciones: de un desodorante de bolita que se cuidó de incluir en su ajuar de verdugo.

Ahora, rumbo a Kansas City, la radio me entera de la masacre de la Oficina de Correos. Un empleado postal, luego de ser reconvenido por un superior, optó por eliminar el conflicto acribillando a sus compañeros. Auxiliado por dos pistolas automáticas, mató a catorce, hirió a ocho y luego se suicidó. Fue un trabajo limpio, efectivo y rápido. La televisión reconstruyó los hechos en el noticiario de la tarde. A todo color, *in situ*, y con un croquis del lugar y la pose en que quedaron los cuerpos, las tomas llenaron mis horas de hastío en un motel de Oklahoma City.

La mitad de los entrevistados parece sorprendida de que el asesino hubiera tardado tanto en dar muestras de su locura. El resto comenta con asombro el hecho de que una persona tan dócil y afable pudiera cometer un acto de tal naturaleza. Mientras tanto, los vecinos depositan flores frente al edificio de correos. Niños en bicicleta y *shorts*, pedalean por la acera. Señoras con lentes oscuros y tubos en la cabeza aminoran la velocidad de sus autos para otear desde la ventanilla. Todos lucen un gesto de preocupación que el hechizo de la imagen vuelve trascendente. Se percatan de que pudieron ser ellos, o sus amigos o sus familiares. De lo único que parecen estar a salvo es de que alguien les espete

«¿Qué nos pasa?»

«Esto no sucedería en México», me digo, y paso revista al correo de Jalapa sin encontrar a nadie capaz de tal barbaridad. La señorita que me vendía las estampillas, el señor que daba los bultos en el apartado, el amable oficinista que me autorizaba la tarifa menor; a ninguno de ellos le alcanzaría el salario para adquirir semejante arsenal. Cuando mucho, romperían los vidrios a pedradas; ¿pero matar a mansalva simplemente porque alguien les dijo que no hacían bien su trabajo? El cartero que se detiene a platicar con las amas de casa, que se pelea con los perros de los ricos, que se disculpa porque la carta llegó abierta, que hasta se deja sobornar por una sonrisa a cambio de las estampillas más coloridas de la correspondencia internacional, permanece al margen de atrocidades de ese tipo simplemente porque se desquita con su esposa. El cartero que cometió el crimen era soltero. Es más, nunca se había casado. Vivió loco y murió como se merecía. Por propia mano y sin el auxilio de ninguna religión, mientras los batallones de la seguridad pública aguardaban tras arbustos, esquinas y autos policiales, a que alguien les indicara cómo resolver el problema. La televisión los mostró, gallardos y atentos, apuntando sus armas hacia el edificio corno si actuaran para una película de guerra. En este país la gente actúa como en las películas. O será que éstas resultan tan realistas que traducen a la perfección la actividad gestual de los ciudadanos.

No, definitivamente esto no sucedería en un país donde los carteros no ganan ni para adquirir la necesaria bicicleta. Donde sus abnegadas mujeres ofrecen la otra cristiana mejilla para evitar males mayores.

IV. Oklahoma es o.k.

Para conjurar hasta lo posible el aburrimiento de las planicies texanas, juego con los nombres de los pueblos: Falfurrias, Gónzalitos, Chupaderas. Más al norte, la presencia del pasado indígena norteamericano desvía la atención. Nombres de rara eufonía retintinean en el oído. Se acuerda uno del *blues*, de la gangosa melodía de los negros, de la monótona cantinela del *country*. Da gusto repetir los nombres. Es otra forma de estar aquí. Viajar de oído es otra manera de andar el camino.

En Oklahoma el paisaje desmiente versiones anteriores. No resulta tan vacío, tan solitario. Tan árido como en Las viñas de la ira[3] o como en los relatos de amigos que anduvieron por aquí. Me resulta más bonito que Texas. Ondulaciones, bosques verdes. Rebaños de vacas orgullosas en su pasividad levantan la cabeza para mirarme. Me inventan. A ambos lados de la carretera, desperdigados por el hondo horizonte, las máquinas que bombean petróleo semejan gallinas enormes picoteando el subsuelo. Con un ritmo que la uniformidad vuelve elegante, dicen que sí desde la prehistoria. Fosilizadas contra la tarde, estas gallinas metálicas me parecen más viejas que el viento.

La matanza de carteros ocurrió en un pueblo de Oklahoma. Pero aquí, por la carretera inmensa, los viajeros de otros autos se vuelven para ver el mío y algunos hasta sonríen. Será más adelante, ya en Kansas, cuando un gringo con cara de mormón se tome tiempo para decirme adiós con la mano. En las gasolinerías me miran descender del VW y me siguen con la mirada sin dejar de sorber su

---

[3] *Viñas de la ira*: *The Grapes of Wrath*, la famosa novela de John Steinbeck. Los Okies (de Oklahoma) emigran del estado debido a la depresión y a la sequía. Hay una conocida película con Henry Fonda.

Coca-Cola. La tarde, el calor, imprime su ritmo a las cosas. Nada rompe el lento fluir de la luz. El sol se escapa por un agujero en el extremo del cielo más melancólico y vasto que he visto en mi vida. Dan ganas de gritar para que responda el eco.

Ayer vi una enorme serpiente reptar por la autopista. Su tenacidad aún me conmueve. La encontré justo a la mitad y dudo que haya podido alcanzar el otro lado. Seguramente enloquecida por la soledad, quiso morir en brazos de los neumáticos de un Thunderbird. Sinuosas como son, las serpientes se reconocen en las elegantes curvas de la carretera. Morir en brazos de un Thunderbird, en medio de una autopista norteamericana, puede tener mucho de declaración amorosa. Estoy seguro que aquel que la atropelle se sentirá molesto, arrepentido de haber terminado con el último miembro de una especie que gozaba todavía de un mínimo concepto de identidad. Y es que los americanos aman en verdad a los animales. Sus autos aconsejan mediante calcomanías el comportamiento más apropiado para con perros, gatos y demás miembros del reino animal con posibilidades de convertirse en mascotas. *Did you pet your dog today? I love bears. My cat loves me.*

Tal vez, si el cartero de ayer hubiera tenido siquiera una serpiente que lo amara, no hubiera ocurrido lo que pasó. Los animales cumplen con una función más importante que la de preservar el equilibrio ecológico: ayudan a vivir. Resultan el sucedáneo perfecto del amor que no se recibe, del que no se puede dar. La ley debería obligar al ciudadano americano a vivir con una mascota así como los obliga a vivir con un seguro para el coche. Habría menos crímenes en las oficinas de correos, más cuidado en las carreteras, y nosotros podríamos adquirir divisas con la exportación del excedente perruno que pulula por Jalapa.

V. Rumbo al Marlboro Country

El trayecto de Jalapa a Matamoros fue largo e interesante. Crucé el Trópico de Cáncer a medio Tamaulipas y limpié por quinta ocasión el parabrisas. Pájaros de Veracruz y Tamaulipas me venían cagando el vidrio desde que dejé Cardel. Más adelante, estudié por cerca de dos horas agotadoras la lenta agonía de un caballito del diablo que vino a morir aprisionado por el limpiador. Lo vi mirarme desde el otro lado del cristal como si fuera yo el que moría. Nos observamos meticulosamente, sabedores de que pertenecíamos a especies distintas, que ése era nuestro primer encuentro y que no se repetiría jamás.

Si algo muere con dignidad, son los insectos. Los animales resultan demasiado humanos. Tan próximos a nuestras muecas y ademanes que nos aterra su agonía. Nos recuerdan nuestra propia muerte. No sucede lo mismo con esos seres llenos de antenas y placas convexas más cercanos a las máquinas que a los hombres. Las mariposas, los abejorros, las libélulas, revientan en el parabrisas y se quedan simplemente ahí como artefactos de guerra a la orilla de una carretera bombardeada. Destartalados, indiferentes, premonitorios, mueren la muerte del guerrero. Los imagino lanzándose contra este enorme escarabajo verde que manejo, obnubilados por un misticismo de *kamikaze*.

Desde hace muchos años los insectos libran una batalla contra nosotros, han convertido las carreteras en frentes de combate y nosotros aún ignoramos esta guerra declarada. Para demostrarlo, se estrellan contra los parabrisas y se eternizan ahí convertidos en naturalezas muertas hechas por pintor abstracto. A manera de una declaración de odio, la libélula inventa mi muerte frente a mis ojos.

Desde que crucé la frontera el vidrio no ha vuelto a ensuciarse. Apenas minúsculas motas de excremento, imperceptibles alas de coleóptero, grumos del desierto texano. Parece que las aves no cruzan los *highways,* que la naturaleza queda demasiado lejos o que los insectos han aprendido las leyes de la viabilidad. No hay árboles a la orilla del camino ni perros arrollados en el pavimento. A estas alturas del viaje, el elemento más interesante lo aporta la extravagante variedad humana: dos gordos inmensos apretujados en una minúscula motocicleta pasan junto a mí y al poco rato la distancia los convierte en juguetes de juguetería. Un tipo desolado, de pelo larguísimo, camina por el acotamiento como si llevara al hombro su propio cuerpo. La camisa abierta permite ver los huesos de su cuerpo esquelético. Millas después, dos individuos detienen sus autos para saludarse con un largo abrazo a mitad de la planicie. El sol se desmorona sobre ellos y los convierte en polvo.

Voy hacia Wichita. Me gusta el nombre. Wichita, Wichita. Tiene un sonsonete de ferrocarril que obliga a repetirlo una y otra vez. Un letrero con un enorme girasol me anuncia el estado de Kansas. *Mid-Way*; U.S.A. La mitad del país. El centro. Es la una de la tarde. La mitad de un día que me amaneció en Oklahoma City. Wichita está a 40 millas de distancia y el Marlboro Country se abre frente a mí como una bienvenida. Wichita es el punto previo a mi destino. Pese a las planicies, las vacas bobaliconas, los Texaco Oil a la orilla de la carretera, el nombre me remite a una película de Tarzán hablada en francés. Chita inquiere con acento galo y el hombre–mono responde: «Oui Chita, oui.»

Agosto 1990

El Paso de Cárdenas

11:05 A.M. Cuauhtémoc Cárdenas se asoma por una de las puertas de acceso al auditorio para evaluar la composición y número de los asistentes. Algunos lo descubren. Un fotógrafo aprovecha y toma una instantánea que fijará para la prensa a una pareja que inmediatamente sonríe: el invitado y el invitante, éste, un mexicano de la capital, politólogo y director del Centro de Estudios de la Frontera de la Universidad (le Texas en El Paso.

El público había venido reuniéndose en el vestíbulo principal del edificio de Metalurgia, una especie de Palacio de Minería de estilo butanés[4], con semejante vocación cultural. La política, como el «bolero», también es cultura.

A mí también me interesa el aspecto del auditorio: estudiantes en *shorts* y camisetas; intelectuales de barba y tenis; paseños de El Paso y juarenses del otro lado, y uno que otro campesino con vestimenta y rostro definitivos: ojos asombrados, barba de tres días, cachucha[5] de beisbolista y pantalones de mezclilla. Maes-

---

4   *Estilo butanés*: Del Reino de Bhután, nación pequeña y montañosa del sur de Asia ubicada en la cordillera del Himalaya, entre India y China, cuyas fortalezas presentan una arquitectura muy característica. Los edificios del campus de la Universidad de Texas en El Paso están construidos en estilo butanés. También el Palacio de Minería en la Ciudad de México, que es uno de los edificios más representativos de la ciudad. Fue escuela de Minas durante el virreinato y ahora es un recinto donde se llevan a cabo actividades culturales y académicas.

5   *Cachucha*: «gorra»; en México especialmente las de béisbol.

tros buena onda con alumnos interesados; maestros perezosos que aprovechan la ocasión para arrastrar a la horda estudiantil y ahorrarse una hora de clase.

Breve presentación para quien, y todos acuerdan, no la necesita, porque más que presidente del PRD, es hijo de don Lázaro. Amplia cobertura. Cuatro cámaras de TV entorpecen mi vista. Estoy sentado en la segunda fila. La primera bulle con periodistas codo con codo dispuestos. Hasta Notimex está presente.

Cuauhtémoc Cárdenas lee en inglés su conferencia. El sugestivo título «La lucha por el tránsito a la democracia» adelanta la tesis del ponente. La «lucha» implica que la «democracia» no existe, y que el PRD es uno de los vehículos de «tránsito». Cuauhtémoc explica a una interesada audiencia las consecuencias económicas, políticas y sociales de la situación. El estilo del discurso es directo y el objetivo es claro. Y para volverlo más todavía, Cárdenas reitera una serie de sustantivos: campesinos, fraude, miseria, monopolio, Carlos, reelección, soberanía, Salinas, economía, democracia, voto, Michoacán.

11:35. El moderador abre la sesión de preguntas. Me interesan más las formas que los contenidos. La primera interrogante me invita a mirar hacia atrás. El auditorio (300 plazas) está lleno. Las personas de pie alcanzarían a cubrir sobradamente las butacas que descubro vacías. Es un periodista quien inicia la inquisición. Las preguntas van desde las sugestivamente hipotéticas («¿Qué haría usted en caso de que... ») a las frontalmente agresivas («¿Debo entender que usted piensa que el gobierno no ha hecho nada bien?»). De las tiernamente ingenuas («¿ Cuál es el efecto de la crítica periodista en las decisiones de gobierno?»), a las apocalípticamente fogosas («Si la situación es tan mala como usted la pinta, quién se va a quedar a vivir en México?»). De las circunstancialmente frecuentes («¿Cuál es la política del gobierno para detener los abusos de la Migra?»), a las elocuentemente atingentes: los muertos del PRD.

Las preguntas planteadas en inglés son respondidas de igual forma; las expuestas en español, reciben contestación en el mismo idioma. Pero todas le dan al interrogado una nueva oportunidad para repetir los argumentos enfatizados a lo largo de la conferencia. Al convencimiento por la reiteración.

4:45. Llego al hotel Westin, «The oldest hotel in El Paso». Acompañaré como invitado de piedra a Miguel Molina que obtuvo para Notimex una entrevista exclusiva. El alto edificio resulta austero por fuera pero barroco por dentro. El Paso, reza el eslogan, «está en la esquina de Texas y el old México», y, como toda esquina que se respete, resulta el sitio tradicional de las conquistas amorosas, las confabulaciones políticas, los encuentros inesperados y, como es el caso, las entrevistas.

En el confortable bar del Westin, bajo el relampagueante domo decorado con vitrales, guapas meseras de falda larga se desplazan por la semioscuridad con prontitud de sílfides. La abertura hasta medio muslo permite imaginar esa esquina del cuerpo femenino tan propicia para los encuentros no necesariamente informativos.

Alrededor del anónimo grupo (Molina, el organizador, Cuauhtémoc, su ayudante y yo), pulula la indiferencia ataviada con pantalones cortos. Un extravagante trasiego de rodillas y muslos pulcramente maquillados transita a nuestro alrededor en dolosa mayoría masculina de 5 a 1. Viejitos con shorts y una que otra anciana con minifalda turística, se mezclan con lunamieleros de la mano. Hombres de negocios seguramente lícitos, levantan el vaso o la copa hacia la cantante de jazz que no canta mal las rancheras y que, en un momento de inspiración tal vez irrepetible, haría que el de la doble C abandonara su pétrea cataduraf para seguir con el pie uno que otro compás.

Supongo que hace 80 años el hotel Westin reverberaría con conspiradores, traficantes de armas (ahora, tal vez, haya de coca), traslúcidos revolucionarios y retorcidos traidores, gringos viejos dispuestos a extraviarse más allá de la cicatriz que marca la frontera. Sin embargo ahora, las corbatas y trajes de los cardenistas, los cuasi tenis del reportero y los jeans recién comprados de quien esto escribe, no resultan motivo ni de asombro y mucho me temo que tampoco de curiosidad. Nadie en el policromo universo del Westin sabe, además de nosotros, que ese serio señor de corbata negra, saco azul y de apariencia malhumorada, es Cuauhtémoc Cárdenas, el hombre que estuvo a punto de ser presidente de ese país con el que hace esquina la ciudad de El Paso.

Mientras el organizador y el ayudante conversan por su lado, Molina acomete a un Cárdenas tenso y cansado que ordena limonada y un express doble. Cruza la pierna, mete un brazo por el espacio entre ellas, enlaza una mano con la otra y se concentra a la espera de la primera pregunta.

Atrincherado en su propio candado, Cuauhtémoc Cárdenas no se cierra en sí mismo. Por el contrario, se explaya cuidadosamente. Si algo queda claro es que sabe lo que quiere, cómo lograrlo y cuáles son sus límites, aunque no exista todavía la necesidad de especificarlos. La cautela que tensa su semblante mientras escucha la pregunta, se afloja a lo largo de su también larga respuesta. Inhalación y exhalación. En ocasiones, aun antes de que el reportero finalice su pregunta, Cuauhtémoc Cárdenas ya tiene la respuesta impacientándose detrás de los dientes. Niega o asiente con la cabeza descalificando la información o dándola por sentada. Cuando recupera la palabra, no la suelta. Es claro, reiterativo, seguro de lo que dice. El eterno gesto de «¿Y qué esperaban?», introduce y subraya su discurso.

Lo observo detenidamente. Las hondas y prolongadas arrugas que bajan hasta la barbilla, ponen su boca entre paréntesis, hacen que sus labios se abulten en un imbatible puchero legado por vía paterna. Sin embargo su gesto de malhumor resulta siempre equilibrado por la encendida profundidad de su mirada. Si la caricatura aprovecha con dolo la configuración de su boca, habría que dejar para el retrato la representación del reposado rescoldo de sus ojos.

La *blues lady* rompe a cantar y por un instante Cuauhtémoc Cárdenas sigue el ritmo con el pie. Se abstrae unos momentos. Está cansado y parece aburrido. Yo pido una segunda cerveza. Por mi oído bueno entra la música. Aconsejados por no sé qué lógica, entrevistador y entrevistado bajan la voz. Se acabó. No oigo nada. Miro al organizador chacoteando con el ayudante. Miro a los gringos pasetearse al lado de la historia. De nada vale lamentarse. Estos, ya lo sabemos, entienden poco de historia y menos de geografía. Allí nomás, a tiro de piedra, a contados golpes de calcetín, comienza la frontera y, un poquito más allá, el país que este hombre en apariencia de malhumor, se propone gobernar algún día.

6:30. Molina y yo esperamos a que Cuauhtémoc Cárdenas baje de su habitación. El elevador tarda en llegar. Molina dice que en el Westin los elevadores bajan por las escaleras. Le celebro el chiste con solidaridad de veracruzano en tierra apache.

Cien minutos antes, había descubierto a Cárdenas esperando este mismo elevador en compañía de su ayudante. Me dirigí hacia ellos y lo saludé.

—Soy de Jalapa —me autopresenté con la petulancia de quien piensa que en verdad es la Atenas de cualquier Hélade.

—Mucho gusto. ¿Y qué hace usted por aquí?

—Estoy en Iutep (que es como los gringos bautizaron a la Universidad de Texas en El Paso) como profesor visitante.

Me asesta un demoledor apretón de manos. Me mira a los ojos. Sonríe. El ayudante también sonríe. No sé qué más decirle. El tampoco ayuda. El elevador, que ha de venir por el décimoquinto escalón, no aparece.

—Soy amigo de Molina –le digo–. Lo estoy esperando para la entrevista.. . La tímida campanilla del elevador me saca del apuro. Nuevo apretón de manos. Un «mucho gusto» espero que compartido, y me voy a esperar al lobby-bar.

Una vez más, aunque ahora en compañía de Molina, aguardo a que el de la doble C baje por cualquiera de los elevadores. Las puertas de uno de ellos se deslizan teatralmente para que el esperado reaparezca seguido de su inseparable acompañante.

Nos metemos todos en el auto del organizador. Cuauhtémoc sabe que le toca el asiento de copiloto y lo ocupa sin someter el asunto a votación. Molina, el ayudante y yo viajamos unidos por la cadera rumbo a la sala de estar de *El Paso Times,* donde los miembros de la Asociación de Periodistas Hispanos aguardan al copiloto.

Durante el trayecto, Molina engarza chistes que al menos los de atrás celebramos ruidosamente y a la espera de que Cárdenas lo haga también. Pero sólo advierto la oblonga nuca y un perfil que asimila los chascarrillos estoicamente. Molina detiene la metralla para girar instrucciones al conductor.

—Primero a la derecha y ahora a la izquierda –le dice.

—¿A poco estás sintetizando la biografía de algún político pasajero? –le digo. Molina sonríe. Mejor dicho, sonreirá cuando le suelte la ocurrencia en la soledad de la caminata del estacionamiento al edificio de *El Paso Times*. Alguien ya lo dijo antes que yo: soy pendejo pero no suicida. Y la izquierda, aunque reunida, sigue con escaso sentido del humor.

7:00 P.M. Pero si no tiene sentido del humor, al menos en El Paso sí tiene sentido de la puntualidad.

Sentado ante la crema de los periodistas hispanos, experimento en unión de mis compañeros de viaje, otra de las manifestaciones de esa endémica sensación conocida por «pena ajena». A mi memoria regresa el título del panfleto de Tola de Habich[6]. Un «gulp» más cargado de vergüenza que de cobardía me ataja la torta de pavo que engullo sin auxilio de líquido alguno.

Minutos antes, mientras aguardábamos la formación del quórum que permitiera el inicio de la conferencia de prensa, una apuesta periodista me preguntó al oído que de qué se trataba la reunión.

—¿A poco no sabes? –tautologicé.

—No... A mí nada más me dijeron que viniera.

—Pues se trata de una conferencia de prensa con Cuauhtémoc Cárdenas.

—Y quién es ése?

—¿A poco no sabes? –retautologicé–. Es el hijo de Guty[7],

---

6   *Tola de Habich*: editor peruano que llegó a México en los 70 (o a lo mejor sigue viviendo en el país) . Lo acusaban de no pagar regalías a los autores .Hubo un gran escándalo con incendiarios artículos. Uno de ellos se llamaba, creo, «Pena ajena», escrito por Tola para su defensa.

7   *Guty*: Guty Cárdenas fue un conocido compositor mexicano de Yucatán. No es el autor de «Peregrina». La canción es de Ricardo Palmerín, también yucateco y estaba dedicada a Alma Red, periodista norteamericana de la izquierda radical que fue a Yucatán hacia los años 20 a atestiguar la revolución. El gobernador revolucionario de Yucatan, Felipe Carrillo Puerto, tuvo un affaire con ella y le pidió a Palmerín que compusiera la melodía. Carrillo Puerto murió fusilado en el 23, junto con su equipo más cercano, por los contrarrevolucionarios. (Otro buen asunto para investigar por parte de los estudiantes.)

el autor de «Peregrina», la que tenía los ojos muy claros y definitivamente divinos.

O no me creyó, o descreía de los boleros como manifestaciones culturales, porque se marchó con todo y su teléfono celular a los cinco minutos de iniciada la conferencia.

Las preguntas colocan a la estulticia en un contexto olímpico: son más altas, van más rápido, suenan más fuerte. Cuauhtémoc Cárdenas sonríe (cosa que apenas si consiguió la andanada chistorrera molinesca), condesciende; luego se aburre, se cansa, se incomoda. Aquí ya no hay *blues* jazzeado ni muslos femeninos relampagueando en la oscuridad de la falda. Sin embargo aprovecha la audiencia, como lo ha venido haciendo con cualquiera que esté dispuesto a oírlo, para repetir una rutina que se sabe de memoria en inglés y en español. Me imagino que es la única manera de hacer política, aunque yo, en mi ingenuidad cuarentona, haya pensado que los oposicionistas, por el simple hecho de serlo, debían utilizar técnicas opuestas a las del partido oficial. En ocasiones, alguno de sus gestos ausentes me autoriza a suponer que Cuauhtémoc Cárdenas ya ha respondido a todas las preguntas habidas y por haber; que si de discursos se tratara, bastaría con una grabadora y el mismo caset.

Un PhD en periodismo le da la puntilla.

—Por qué no adquiere el PRD un canal de televisión para contrarrestar la desinformación del gobierno?

La pregunta me recuerda aquella que un alumno de filosofía le hizo al padre Zili cuando éste terminó su clase de introducción a Kant: «Maestro, ¿qué piensa usted de Las profecías de la Gran Pirámide?»

Zili es cristiano y puso la otra mejilla. Cárdenas, antes que nada, es político, y por si fuera poco, de la oposición; por eso argumentó falta de tiempo, dio las gracias y se despidió.

Yo me quedé para rematar la torta de guajolote con otra de igual contenido. El ave no produce colesterol y su carne resulta muy recomendable para bajar los humos a la más soberbia hipocondria.

A mi lado, aderezando su propio bocadillo, estaba una güerita, cuya apariencia, si la regla aún subsiste, garantizaba su elevado I.Q.

—De qué periódico vienes?

—De ninguno... Soy recepcionista de Un consultorio médico –me respondió con acento españolado.

—Y qué haces aquí?

—Me invitó Fulano... Siempre vengo cuando me invita –abundó con lógica irrefutable.

—Ámonos tendidos [8] –invita Miguel Molina al estilo de Jorge Saldaña[9].

Agenciamos otra vez para el hotel Westin. En el tercer piso, la Unión de trabajadores Agrícolas Fronterizos y la Coalición Rural, le ofrecen un banquete a Cárdenas. Aplausos prolongados a cargo de un público heterogéneo (anglos, negros, chicanos, jóvenes, 2 ó 3 asiáticos, hombres, mujeres, viejos y hasta bebés), quien se pone de pie y alarga la bienvenida hasta rematar con la emulación de un tren en marcha acelerada.

Por primera vez Cuauhtémoc Cárdenas resquebraja su malhumorado aspecto. Reblandece el gesto y la mirada. Está emocionado. Esta es gente de a de veras. Hasta yo, intelectual cimarrón, siento un bodoquito en la garganta. Recuerdo las viejas consignas sesentonas. Aquí, al menos, en este salón de 10 X 8, el pueblo parece unido; el pueblito, si les gusta más, pero algo es algo.

Mañana, 12 de septiembre, a las tres de la madrugada, los lí-

---

8   *Ámonos tendidos*: Pronunciación coloquializada de «Vámonos tendidos». Era una expresión de un locutor mexicano de la televisión en los 70 y 80. Liberal, izquierdozón y veracruzano. De un pueblo muy cerca (ahora ya parte) de Jalapa. Quiere decir: «Démonos prisa».

9   *Jorge Saldaña*: periodista y locutor de la televisión mexicana.

deres de Unión y Coalición, realizarán un mitin en la calle donde los trabajadores agrícolas esperan a los enganchadores que los llevarán a los «files». Mañana también, a la mitad del día, darán una conferencia de prensa justo a la mitad del puente internacional, en la meritita tierra de nadie, o sea, la de todos. Allí donde empieza o termina México.

Octubre 1992

Para ver a Fuentes

En el principio fue el Verbo y Fuentes lo conjuga a la perfección. Lo conjuga en voz alta y todavía mejor cuando lo hace a la vista de todos. Esto pude comprobarlo durante el simposio «La novela de las Américas», en septiembre de 1992, en el que participó junto con Salman Rushdie, William Styron, Luis Goytisolo, Amy Tan, entre aquellos que han convertido la palabra escrita en su forma esencial de comunicación.

Fuentes estuvo para verse. Y como si todos hubieran aceptado anticipadamente esta premisa, el foro del auditorio principal de la Universidad de Colorado, en Boulder, abrió sus telones con la sana teatralidad de una manzana roja y madura para mostrar su semilla privilegiada: un Carlos Fuentes que colmó las más de mil butacas del Macky.

El recinto entero vibró con emanaciones catedralicias, mientras Carlos Fuentes sacudía a los escuchas con su sugerente voz de santo luterano. Sin embargo metió a mansalva la cuña del cristianismo guadalupano en la fortaleza de la predestinación. La rígida sobriedad protestante se fue reblandeciendo con la dulzura de un inmejorable inglés que sin embargo sabía a castellano porque traslucía la versión latinoamericana de la historia. Esa disciplina que los norteamericanos tratan de volver exacta y a su favor.

Fuentes advirtió a un público atento, divertido, respetuoso y preocupado, de los peligros que acechan a la imaginación en un planeta apabullado por la tecnología. Amenaza cierta, a pesar de que el vicepresidente Quayle acabara de sostener una sesuda polémica con un personaje ficticio de una popular serie televisiva. «Dios bendiga –dijo Fuentes– a quienes como don Quijote, todavía luchan contra sus particulares molinos de viento.» La unánime carcajada resultó un amén solidario y definitivo.

Velardianamente[10] dispuesto a mitad del foro, entre dos filas formadas por cinco sobrios curules que minutos antes habían estado ocupados por presidentes, embajadores, cónsules y rectores, Carlos Fuentes levantó la voz consciente de su soledad sacerdotal. Los diez butacones de frente al público, contribuían a enfatizar ese abstinente vacío que elimina de toda vanidad los altares culturales de los Estados Unidos. Resguardado hasta el plexus por un podium color caoba, Carlos Fuentes celebró una misa de gracias en favor de la literatura.

En un extremo del escenario, recatadamente sentado en una sillita de tijera, un traductor dibujaba en el aire oloroso a cedro la danza de las palabras para beneficio de los posibles sordomudos presentes. Fuentes ha rebasado con su trabajo los límites sensoriales de sus seguidores. Sus sentencias, y eso quedó claro con las demostraciones del intérprete, también pueden verse.

Las frases habitaban la pizarra del éter y permanecían colgadas de la nada por algunos segundos. El efecto resultaba deslumbrante y por algunos momentos fue lo único que distrajo mi

---

10 *Velardianamente*: Adjetivo para López Velarde. A la manera de López Velarde. Uno de los más importantes poetas mexicanos y de habla hispana. Nació y murió a principios del XX. Autor de *Suave Patria*, uno de sus versos dice; «Alzo la voz a mitad del foro...».

atención de la figura principal. Por vez primera contemplé la prosa de un escritor crecer en el espacio. Las manos bordaban imágenes, sentencias, oraciones; hilaban adjetivos y metáforas, ideas, con la eficacia de una tejedora experta. Y mientras Carlos Fuentes sacudía al auditorio con la cadenciosa consistencia de su voz, el traductor la modelaba en el aire y nos la ofrecía con la humildad de quien se reconoce un mero intermediario.

Recordé el cliché que compara al estilista del lenguaje con un orfebre. El lugar común se revitalizó con el ejemplo. Ante nosotros, la voz de Carlos Fuentes cobraba tangibilidad: gesto por adjetivo; ademán por afirmación. Y todo ello, engarzado en una secuencia de movimientos que volvía a su magnífico discurso un grácil ballet oriental.

Los elegantes ademanes del traductor contribuyeron a sumar teatralidad al laico altar de la inteligencia. La ritual gesticulación se convirtió en un vapor de incienso que contraviniendo todas las normas de la lógica enervaron al público. Las ideas fluían entre aromas de madera y fragancias exquisitas para tejer una apretada red de certezas irrefutables. Si Fuentes era el Verbo vuelto carne en las manos traductoras, entonces también era la verdad.

A mitad del oficio (una hora exacta, presentación incluida), una jovencita resquebrajó la atenta uniformidad con su repentina salida. Extrañado por el desacato, Fuentes la siguió con la vista hasta que desapareció tras las cortinas de una puerta lateral. Único ángel expulsado por voluntad propia del paraíso de la palabra. Uno entre mil; perfecta definición de «nadie».

La ovación que cierra la conferencia crece en una marea incontenible. Un océano que desborda, en secuencias sucesivas, las filas de butacas, y que avanza ola tras ola hasta reventar en el inmutable, sonriente farallón que es Carlos Fuentes. El público se pone de pie y sostiene el aplauso por varios segundos más. Fuentes agradece, sonríe con un gesto que trasparenta la inexplicable certidumbre de reconocerse inocente por tales manifestaciones. de amor.

Los *heart bleeding liberals* de todas las edades aplauden como si estuvieran seguros de que no volverán a hacerlo nunca más. Adoran a Carlos Fuentes porque, libros más o novelas menos, resulta la otra voz, la extranjera, que les despierta la conciencia monóglota. Que les encandila el Bolívar que todos llevan dentro y al que permiten aflorar cuando el pretexto vale la pena.

Cuatro días después, en Las Cruces, Nuevo México, reencontraré a Fuentes en el Music Center Recital Hall. Aclaro que lo reencontraría como parte de los 700 asistentes (500 en butacas y otros 200 en sillas colocadas detrás del podium desde el que disertaría) a su conferencia «Sharing the Hemisphere».

Una concurrencia formada en sus 3/4 por anglos de todas las edades apacigua la espera con preguntas acerca del origen de la música que sale por las bocinas. Se trata del *Huapango* de Manuel «por—supuesto» Moncayo que rubrica la nacionalidad del conferencista. Al final del acto, los *Sones de Mariachi* escoltarán las largas filas que lerdamente se encaminan hacia esa otra fila que Fuentes, pluma en mano, encara dispuesto a autografiar cuanto libro le presenten.

Podría apostar que ninguno de los asistentes votará por Bush o por Perot. Los lectores de Fuentes representan seguros votos para el Partido Demócrata. ¿Habrá ya algún escolar norteamericano que acepte el reto de establecer la relación existente entre los lectores de *Terra nostra* y los votos para Billy Clinton?

Esta vez no hay traductor al idioma del silencio pero sí una presentación que adivina un premio Nobel en el futuro del ponente.

Éste aparece tras bambalinas y con paso seguro se dirige hasta la mitad del foro. Rodeado por una acechante hueste de admiradores, copado por el frente y la retaguardia, Fuentes se ve en la obligación de dar la espalda al público sentado en la butaquería para beneficiar al aposentado en las 200 sillas al fondo del escenario. Resuelve el reto con elegancia. Gira el torso, improvisa de perfil, acota de frente y bromea de soslayo, mientras camina alrededor del podium cuidándose muy bien de no abandonar la esfera de influencia del micrófono. Eso sólo lo hacía Lucha Reyes y a veces Vicente Fernández; pero hasta la fecha, todavía no existe intelectual alguno que subsista en estos lances sin el auxilio de la tecnología.

La conferencia es una buena explicación en 50 minutos (lo que dura una clase convencional en los recintos universitarios gringos) de la historia del continente. Una apretada, jugosa, provocativa, reivindicatoria clase de historia ideal para un curso de verano.

La atención y desatención de la concurrencia se reparte étnicamente. Los anglos asienten con vocación liberal; los mexicanos sostienen un gesto de «eso ya lo dijo Paz u O'Gorman o Benítez o el mismo Fuentes en Ciudad Juárez». No importa, porque Fuentes cumple con el discurso lo que Bolívar prometió con sus acciones: América Latina crece hacia el norte cada vez más aprisa, y en estas latitudes la heterogeneidad ciudadana se vuelve una. Caen los gentilicios desintegradores y se levantan convertidos en una sola palabra: «hispanos», nos guste o no el nombrecito.

Como en Boulder, los anglos escuchan con atención y asienten convencidos. Escuchan a Fuentes con la envidia o reverencia con que nosotros lo vemos. Luego de la caída de las máscaras, de las defecciones y los fallecimientos, Carlos Fuentes es uno de los escasos escritores latinoamericanos que asumen el compromiso público de dar la otra versión de los hechos. Quedan ya pocos y cada vez son menos. Gabo y Carlos. ¿Quién más? Pero al primero se la hacen de tos cada vez que viene a los Estados Unidos y parece que Carlos Fuentes tiene visa múltiple e indefinida. Por eso es de los pocos que a la menor provocación recorre este país como cualquier llanero solitario a lomos del caballo tornasol de su palabra.

Octubre 1992

La última batalla

De nueva cuenta «las maneras» del hombre blanco demostraron ser más efectivas. Una vez más, la raza hegemónica tuvo a su favor a los caballos (de fuerza), la policía, las leyes y los *walkie–talkies*. El 12 de octubre de 1992, a 500 años del primer arribo de Colón a las costas americanas, el campus de la Universidad de Texas en El Paso atestiguó el último y desigual combate entre los todavía recién llegados, y quienes esta vez no sólo se contentaron con verlos aparecer.

A las 11:30 de la mañana, cinco fantasmales jinetes doblaron la esquina más remota del campus y enfilaron por la avenida Universidad entre las reverberaciones de un amistoso sol de mantequilla. Abrían la cabalgata los portadores de los reales estandartes de Castilla y Aragón, seguidos por tres hombres igualmente barbados aunque desigualmente pálidos. A saber si la ausencia de tinte epidérmico se debía a la fatiga o al temor a los peores augurios. Aunque la historia se repite, a veces también da sorpresas desagradables. Con todo, lo más probable era que su apesadumbrada apariencia derivara de la certeza de que realizaban una misión que los apartaba de su oficio (alguaciles de la oficina del sherif) y los acercaba al carnaval. Fueran cuales fueran sus pensamientos, y tal como lo preveía el programa, desfilaron metidos en contorneadas corazas de latón y bajo yelmos relucientes que con toda seguridad lastimaban el filo de sus orejas.

En la retaguardia, cerrando la marcha pero consciente de la importancia de su tarea, un joven de coleta y arracada[11] conducía la carretilla donde habría de acumular, para beneficio de la higiene, los detritus de los centauros. Tan sonriente y campante como el Johnny Walker de los viejos anuncios, agradecía con emoción los vítores de los espectadores.

Un entusiasmo que proyectaba sin lugar a dudas las secretas preferencias de la mayoría hasta entonces silenciosa.

Bajo un pacífico sol otoñal, que repiqueteaba con delicadeza sobre los cascos de lata, hombres y bestias ritualizaban un acontecimiento que resume para vergüenza de la raza humana, la triste simpleza de asumir que el derecho es un ejercicio que sólo se conjuga en primera persona.

El problema que tuvieron los cinco jinetes este 12 de octubre, se manifestó en aquellos que ya no comulgaban con los machetazos a caballo de espadas. Y si bien las flechas y los macanazos ya estaban pasados de moda como había quedado establecido en la pasada tormenta del desierto, tampoco era ocasión de extremar las bienvenidas ni de afirmar que mi casa sigue siendo tu casa.

Los representantes de los pobladores originales de esta parte del planeta, aguardaban tomados de las manos a mitad de la avenida el lento paso de la minúscula tropa. A pesar de que cualquier desprevenido hubiera podido confundir el movimiento con el deseo de rodear de pilares a Doña Blanca, se trataba de impedir a destiempo una marcha iniciada cinco siglos atrás.

---

11   *Arracadas*: Aretes, pendientes.

Esta vez pude comprobar que la comedia no es sino una tragedia representada extemporáneamente. La policía uniformada cargó contra la nativa barrera y el encontronazo que se produjo tuvo mucho de deportivo. Los resistentes contracargaron hasta provocar un reflujo que terminó en remolino. Para los espectadores resultaba evidente que las maniobras realizadas por los representantes de ambos mundos, traslucían las técnicas del futbol americano. Se trataba de recuperar lo más rápidamente posible el terreno perdido por el empuje del contrincante, y todo ello, aderezado con el tremolar de los estandartes iberos, la insípida abulia de los jamelgos, las policromas plumas de los nativos y el obsesivo batir de los tambores.

El forcejeo terminó con el repentino contacto de una mano policiaca contra una mejilla aborigen. El sonoro ¡PLAF! resultante hizo las veces de silbatazo final de un árbitro preocupado por la excesiva violencia del juego. Y si el deporte había aportado sus técnicas en la estrategia ofensiva, la historia no se quedó atrás porque repitió el chascarrillo de las alianzas. Esta vez los conquistadores tuvieron en la policía del campus (predominantemente integrada por mexicano-americanos) a sus modernos tlaxcaltecas. Aquéllos se concretaron a presenciar desde lo alto de sus monturas, la desigual batalla con el dejo indiferente de quien ejecuta una orden. Parecían aburridos villamelones[12] en gradas de sol y no los personajes principales de una ceremonia ritual. El tiempo les había robado el papel protagonístico pero resultaba evidente que todo ello les tenía sin cuidado.

Rocines y conquistadores se alejaron con lerda parsimonia ajenos a los alaridos de las plañideras y al insistente repercutir de los mazos contra los cueros restirados. La avenida Universidad recuperó su ritmo cotidiano. Apenas si algunas plumas y crespo-

---

12 *Villamelones*: Manera en que los expertos nombran a los neófitos que asisten a las corridas de toros.

nes cobrados ensuciaban el pavimento azulnegro del mediodía. La batalla había terminado.

Los jinetes doblaron otra esquina de la historia y desaparecieron más allá de los rizos que el calor y los últimos aullidos colgaban del transparente aire de Texas. La calle resonó con el vacío rumor de los estadios al final del partido.

Diez segundos después, siseó por el asfalto el neumático de la carretilla sanitaria conducida por aquel Johnny Walker igualmente servicial y sonriente. Tal vez, por qué no desearlo así, también nuestros descendientes habrán de aplaudir dentro de 500 años con la misma intensidad, y en alguna otra calle del universo, el dignísirno oficio de contrarrestar la vergonzante acción de los caballos el ya próximo 12 de octubre del 2492.

Octubre 1992

En busca de Anthony Quinn

Llego al aeropuerto en busca de Anthony Quinn. El actor vivo con más películas filmadas hasta el momento (250, John Wayne filmó diez más), hablará ante la prensa en un salón habilitado para tales fines. Luego ofrecerá el discurso principal en otro de los aniversarios de la Cámara de Comercio Hispana. Sus 78 años de vida y los 55 de estar frente a cámaras bastante más glamorosas que la que ahora lo hospeda, lo han convertido en un símbolo para la comunidad latina en Estados Unidos. Un símbolo que mucho tiene de máscara; de una máscara que revela más de lo que oculta. Tal cosa suele suceder con los disfraces, sobre todo con los que endilga el cine jolivudense. Con el paso del tiempo, el conflicto entre cara y careta se resuelve en el anonimato. La representación rebasa lo representado. Un buen ejemplo de sustitución absoluta lo proporciona el Santo. Nuestro plateresco enmascarado tuvo que irse a la tumba bajo la necesaria protección de su disfraz. Nadie supo quién era realmente y a los que lo descubrieron, ya no les importó.

A lo largo de años y películas de la reconstrucción imprecisa de su propia historia, Anthony Quinn, nacido en Chihuahua, crecido en El Paso y educado en Estados Unidos, se conformó con ser lo que el guión y los intereses del mercado exigen que represente. Y este mercado le demanda que actúe una «diferencia» que ya desemboca en la indefinición.

Para su fortuna o desgracia, Anthony Quinn nació con una cara distinta, legado de la madre tarahumara que le heredó también su amor por los indios. Hollywood lo descubrió y contrató como eterno vicario de turcos e italianos, zapatistas y griegos, rumanos y sacerdotes, árabes y guerrilleros, de una larga serie de gentilicios y profesiones lejanos y extravagantes, pero sobre todo ajenos a los arquetipos que la industria cinematográfica más poderosa del mundo reserva para sus iguales.

Hace apenas unas semanas, confiesa en la rueda de prensa, le ofrecieron el. papel de Mao, siempre y. cuando engorde un poco, y hasta el de Jomeini, barba de por medio. Su papel, conseguido a pulso y trabajosamente, es representar un disfraz: el disfraz del otro. Mao Tzedong es un gordito de ojos tlaxcaltecas; el Ayatola, un anciano de mirada flamígera y barba apocalíptica, el hermano de Emiliano («Viva Zapata»), un malencarado subversivo que levanta con el fuete las naguas de las muchachas.

Anthony Quinn condensa en los 350 cms. cuadrados de un rostro ya quebrantado por las arrugas, años de historia y diferencia. Resume el concepto que de lo «ajeno» tiene el cine de Hollywood y que ha conformado la mentalidad del ciudadano estadounidense medio, desde que aquél, el cine, existe no sólo como negocio sino también como elaborada manifestación de aspiraciones, proyección de fobias, concreción de miedos, personificación de enemigos, alarma de peligros, fresco de personalidades, rehistoriador de la historia y paliativo de remordimientos.

Como no llegó a serlo Valentino ni mucho menos Montalbán; como pudo serlo Omar Shariff y se está acercando Raúl Juliá, Anthony Quinn monopoliza el folclor tercermundista a partir de su especialización en reproducir conductas viscerales e irracionales, endémica y geográficamente localizadas. Sabe beber como cosaco, filosofar como griego, bailar como gitano, amar corno italiano, cantinflear como chilango y matar con la reposada sonrisa del sádico. Pero también la juiciosa ciencia del «buen salvaje» habita los bolsillos de su cerebro; de ahí que los «creativos» de una empresa lo hayan vuelto recipiente de la sabiduría popular en aquellos comerciales de alcoholizada memoria, donde un Anthony Quinn, repentinamente mexicanizado, levantaba al cielo nacional su cara de Zorba para homenajear a Perogrullo: «Como el viejo decía... si las cosas que valen la pena fueran fáciles», etcétera, etcétera, etcétera.

Si como Dios, Hollywood dota al hombre con rasgos y conductas, Anthony Quinn le ha servido de cincel y brocha en muchas ocasiones, y a pesar de sí mismo. Y entre otras cosas por eso está aquí, en El Paso, dispuesto a estimular con su ejemplo a los viejitos de un Hogar para ancianos y luego a las fuerzas vivas de una comunidad con su misma cara, que sin embargo lucha por construirse un rostro efectivo y cierto.

Vestido de sí mismo, cansado pero sonriente, con dos escuálidas maletitas que no le hubieran servido a Madonna ni para transportar sus ligueros, protegido del fríto invernal por un agresivo saco de franela que hubiera hecho las delicias del doctor Corzo[13], Anthony Quinn reta a la prensa a iniciar el diálogo. Robusto, sencillo, abierto, responde con un inglés cavernoso, lleno de oquedades, por las que se cuela el sonsonete de quien finge no hablarlo de origen. Sin embargo el tono denuncia un acen-

---

13   El doctor Corzo Zili es un amigo de Jalapa afamado por su vistosa y extravagante elegancia. Es un chiste para jalapeños. El lector debe recordar que concibo las crónicas como cartas a los amigos. Es el caso del doctor Zili (así se apellida): sacerdote que fue de izquierda (no sé si lo siga siendo) y profesor de filosofía en la Universidad Veracruzana.

to aprendido para los micrófonos de los estudios cinematográficos. Anthony Quinn prefiere seguir cargando el rostro y la música de la diferencia; los ecos de tiempos remotos y geografías lejanas, se cuelan entre las palabras y reproducen ese sonsonete bronco y cálido a la vez, que en los tracks de sonido dibuja para los escuchas la melodía del tercer mundo.

Su español es elemental, compuesto de frases esquemáticas y modismos que confirman su raíz mexicana. Habla como norteño y ante juarenses y paseños hace alarde de coloquialismos. El tipo resulta sencillo y simpático, con ganas de caerle bien a todo el mundo. Todo ello lo reblandece con una aparente indefensión no exenta de ingenuidad (una reportera me asegurará después que había «llanto en sus ojos» cuando Quinn habló de sus felices años en El Paso). Confiesa su amor por los indios de la América toda y que suele defenderlos cada vez que puede. Confía en que el TLC les permita una vida mejor.y que está muy orgulloso de que sus cuadros hayan sido expuestos en el Castillo ése... ¿Cómo se llama?... Sí hombre, el Castillo ése de Maximiliano. .. ¿Chapultepec?.. . Ese mero... Chapultepec.

Anthony Quinn responde y platica durante 30 minutos. «Don Anthony –le pregunta la reportera de un diario juarense–. ¿No ha pensado usted filmar su propia vida?» Don Anthony responde que sí, que ya tiene escrito el guión de su existencia y que no cree que su hijo sea el más indicado para actuarlo. Si como quiere Hollywood, la representación es lo representado, nadie mejor que Andy García para llevar a la pantalla algo tan serio como la vida de uno vista por uno mismo.

Anthony Quinn abandona el salón acompañado de su mujer y de sus anfitriones. Parece contento con las preguntas y la forma en que las respondió mientras camina por los pulcros pasillos del aeropuerto. La gente sale de los comercios o detiene su paso para contemplarlo y cuchichear. Con todo, yo esperaba aglomeraciones y sólo atestiguo una curiosidad respetuosa y hasta distante. De pronto, dos mujeres aparecen en perspectiva y trotan hacia el grupo nucleado por el actor. Éste sonríe y casi abre los brazos para recibirlas. Pero las señoras se repegan a la pared para esquivar al grupo y apresuran la carrera para no perder el avión.

A mi lado, una familia hispana debate un problema de identidad.

—Ay, cómo se llama, cómo se llama. Es el que sale en *Las sandalias...*

—*del pescador* —confirmo.

—¿Y cómo se llama?

—Anthony Quinn.

Ahora ya lo saben. Y jamás podrán olvidarlo cuando Anthony Quinn filme la película de su propia vida. Y, si tiene suerte, tal vez hasta el mismo don Anthony se entere de quién es cuando vaya a verla al cine.

Octubre 1992

Aquella tormenta del desierto o lo que Villa les dejó

Si el gordo Valenzuela puso a Etchohuaquila en el mapa[14], Doroteo Arango hizo lo propio cuando pistola en mano arremetió contra Columbus, Nuevo México, ese 9 de marzo de 1916. Lo que hasta aquel día sólo era un pueblo de 600 habitantes cuyas escasas edificaciones quedaban sometidas al constante mordisqueo del desierto, se convirtió en un sitio señalado por la epopeya.

En un rejuego de nombres y lugares, el divisionario descubrió para la historia la villa de Columbus, igual que éste, 450 años atrás, abrió para Europa los caminos de América. Mas si Cristóbal alcanzó la gloria por accidente, Francisco lo hizo con premeditación, alevosía y ventaja. Su ataque significa hasta el momento la única incursión que una fuerza extranjera haya practicado en territorio norteamericano.[15] Una brigada de la ya disminuida

---

14   *Valenzuela*: Fernando, el Toro Valenzuela, famosísimo pitcher de las ligas mayores. Nació en Etchohuaquila, Sonora. Un pueblecito del que nadie sabía nada hasta que «lo puso en el mapa» mi admirado Toro Valenzuela. Jugó con varios equipos norteamericanos.

15   *Invasión*; En 1916, durante la Revolución Mexicana, una brigada de villistas asaltó Columbus, NM, justo en la frontera entre EE.UU. y México, en busca de un gringo que los había defraudado en la venta de armas. Villa no participó en el ataque. Esta es la única ocasión, afirma el orgullo mexicano, que un ejército extranjero ha atacado territorio norteamericano*. Se produjo con ello un Boom histórico del que todavía gozan sus habitantes. Por más de un año, Columbus se encumbró en una prosperidad nunca vista ni vuelta a repetir. Aviones, automotores artillados, sofisticados equipos de comunicación y personal entrenado para el combate en el desierto, adelantaron en 74 años lo que verían los iraquíes en sus propios terrenos.

División del Norte penetró tres millas, mató a 19 personas entre civiles y militares y prendió fuego a varios edificios de madera. Entre las bajas, momificado por el plomo que interesó su destartalado corazón, aparece un reloj que detuvo su marcha justo al inicio del sorpresivo ataque: las 4 de la mañana.

El episodio resalta la milenaria alianza que la historia tiene con los detalles. El gordo reloj de hoja de lata, con su redondo agujero en la meritita frente, proyecta una imagen difícil de olvidar. Estos aparatos suelen detenerse cuando la acción comienza, dígalo si no la pléyade de cronómetros que ha clausurado su marcha a consecuencia de temblores, bombardeos y ejecuciones.

A raíz del ataque, las fuerzas del general Black-Jack Pershing sentaron su base de operaciones en el lugar, detonando con ello un *Boom* histórico del que todavía gozan sus habitantes. Por más de un año,Columbus se encumbró en una prosperidad nunca vista ni vuelta a repetir. Aviones, automotores artillados,sofisticados equipos de comunicación y personal entrenado para el combate en el desierto, adelantaron en 74 años loque verían los iraquíes en sus propios terrenos. Mas para beneficio del corrido y pesadumbre de Sadarn, Schwarzkopfno era Pershing, ni Villa, Houssein, y entre todos le hicieron al Centauro lo que las tormentas (marinas o terrestres)a Juárez.

Cuentan los testigos que meses después vieron retornar a aquellos gallardos jinetes del desierto, heridos a bordo de ambulancias, o muertos a lomos de las mulas, pero sin Villa ni villistas. Asientan los especialistas que Pershing experimentó durante la persecución una logística que determinaría el logro de su fama en los campos de Francia durante la Primera Guerra Mundial. Afirman los más suspicaces que el ataque a Columbus abrió un nuevo capítulo en los manuales de una ingeniería militar que de-

---

* En 1812, los ingleses atacaron e incendiaron Washington, pero, tal y como ellos afirman y a nosotros nos conviene creer, los estadounidenses todavía no eran estadounidenses, ni su territorio país independiente.

mostró su eficacia en otras soledades.

Si perdieron una guerra en las junglas de Vietnam, ganaron otra en los desiertos del Medio Oriente. De ahí que todo parezca indicar que las batallas del futuro habrán de desarrollarse en las erosionadas vastedades terrestres, antes que en la inmensidad del espacio intergaláctico.

Ese otoñal domingo de 1992, nuestro avance procedió del norte y a bordo de un Ford azul pálido. Y si bien Francisco Villa arribó con 500 acompañantes, nosotros lo hicimos con más caballos de fuerza y la información de nuestro lado. Villa creyó que los establos eran las barracas militares y atacó caballos en lugar de caballeros. Y si hemos de creer a los testigos, lo hizo a gritos de Viva Villa, Viva México (en ese orden) y acompañado de las soberbias notas de *La Cucaracha*.

Me resulta difícil aceptar esta versión, a menos en lo que respecta a *La Cucaracha*.

Como nos ha enseñado la historia, el Centauro, además de bandido, era experto guerrillero, y ambos oficios (muy dignos en aquel entonces) están hermanados por un alto sentido de la sorpresa, factor que los atacantes desacataron con sus supuestos alaridos folclóricos. Mi razonamiento se finca en el hecho de que *La Cucaracha* nunca ha tenido rango de himno bélico. Cuadra mejor con el sotol[16] en los vivacs y con las muchachas en las cantinas de la Mariscal, que con las tormentas en el desierto. Y para una como la que Villa llevó a cabo, hubiera bastado con los alientos de la *Marcha de Zacatecas* o aún de *La marsellesa*, como seguramente aconsejaría cualquier alumno de música o de colegio militar.

Pero qué sería de las leyendas sin la pincelada popular. Y así ha quedado para la historia de Columbus que un grupo de vieji-

---

16 *Sotol*: aguardiente hecho con base en cactáceas que se bebe en el norte de México. Es el tequila o el mezcal del norte.

tas, momificado por la costumbre de repetirla, custodia con singular dedicación.

En el antiguo edificio de la Aduana, cada hora se exhibe un film que dura 20 minutos. En secuencias estructuradas con fotos fijas y entrevistas, tres ancianas relatan en carrusel una experiencia que ha dado sentido a su existencia.

El museo principal está instalado en la antigua estación de ferrocarril y resguarda los mismos objetos de la época, que cualquier vestigio digno de veneración. No hay cultura sin reliquias y los lugareños buscan hasta en las huellas del enemigo la fe de bautismo de su realidad. Ancianas pertenecientes al Club Histórico hacen las veces de sacerdotisas del templo y se turnan con empeñinamiento evangelista en la tarea de revelar al mayor número de visitantes la verdad de los hechos. La empresa tiene mucho de cruzada, y éstas, según los especialistas, tuvieron otro tanto de negocio. El ataque villista no sólo les ha dado de qué hablar y en qué creer, sino también de qué vivir. Y no lo hacen del todo mal, a juzgar por el estado de los alrededores.

—*Look, honey* —señala una madre a su hija adolescente—. *This is Panchou Vila.*

La güerita arrisca el respingo que tiene por nariz y encara con desencanto una foto del Centauro cargado de rifles y cananas. Villa es el santo del lugar y su iconografía tapiza paredes y vitrinas. Su presencia lo impregna todo con un aroma de pagana violencia.

—¿Y estos casquillos fueron detonados durante el ataque? —pregunta un señor con dejo profesional.

—No —responde la anciana con una honestidad avalada por su tibia apariencia—. Fueron como *ésos*, pero no *ésos* exactamente.

La respuesta decepciona no sólo al inquiriente sino a quienes la oímos. La antigua estación de ferrocarril pierde su calidad de sitio histórico para convertirse en un set cinematográfico. Burt Reynolds (que para algo conserva los bigotes) en el papel de don Francisco.

Los rastros del pueblo original se reducen a cuatro o cinco edificios. Y si Atila impedía que la hierba creciera a su paso, el recuerdo de Villa no ha permitido que germine ni el tabique, porque en el sitio que dejaron las construcciones consumidas por el fuego, se levantan los parques que llevan por nombre el seudónimo de Doroteo[17]. Por otra parte aquí nunca hubo hierba ni antes ni después del ataque.

Estamos en medio del desierto. Casitas desperdigadas en la inmensidad, construcciones de adobe, la cárcel de un solo cuarto cerrada con un descomunal candado, tienditas de artesanías y uno que otro pequeño comercio, se empeñan en reproducir las condiciones y el espíritu de la época. Pero si las primeras son irrecuperables, el espíritu sigue vivo porque corre a cargo de la naturaleza. La profundidad del desierto, la transparencia de la luz y la suave y tibia persistencia de un viento que lo mueve todo con auténtica vocación marina, impone su ley en Columbus, Nuevo México.

La calle que parte en dos lo que queda del pueblo, se prolonga hasta topar con México. Parado a mitad de la calle puedo ver Palomas, Chihuahua. Desde ahí salió Villa con la nunca declarada intención de vengarse del comerciante en armas que lo había defraudado. Para entrometerse en casa ajena, sólo tuvo que cortar la cerca de alambre que separa a los países y cabalgar tres millas de distancia con detenida cautela. Entonces dicen que entra *La Cucaracha* y todo comienza a perder sentido.

Enfilamos a bordo del auto hacia la línea divisoria por una carretera de dos carriles pulcramente asfaltada. La cara norte de un letrero ordena en inglés lo que la cara vuelta hacia el sur re-

---

17   El nombre real de Pancho Villa era Doroteo Arango Arámbula.

pite en español. Los que van a México como los que salen de él, se enteran de que está prohibido virar en redondo y que todos tienen la obligación de pasar por el pequeño, y a juzgar por su apariencia, confortable edificio de Aduanas. No podemos volver atrás. Tenemos que ingresar a territorio mexicano querámoslo o no. Pero nosotros sí queremos y circulamos al lado de un oficial de la Migra que nos mira pasar petrificado tras sus poderosos lentes oscuros.

Justo donde termina el pavimento comienza México. O al menos así lo parece. En la garita patria, un aduanal, chela[18] en mano, nos indica con la otra que pasemos, sin dejar de platicar con sus cuates. El auto comienza a rodar por una ancha avenida tan solitaria como recubierta de arena, aunque demagógicamente dividida por un camellón central. Ignoro si la calle alguna vez tuvo asfalto o nadie se ha ocupado en 50 años de barrer los estragos de la tierra y el viento.

A cinco cuadras de la frontera termina el pueblo y comienza la carretera que lleva hasta Casas Grandes. Palomas tiene cinco cuadras de largo, dos de ancho y equidista al menos mil kilómetros de los océanos que tocan nuestras costas; sin embargo, ni siquiera en Boca del Río he visto tal cantidad de marisquerías concentradas en tan escasos metros cuadrados.

Me explico el fenómeno como un acto de suprema nostalgia. El hombre del desierto carga la dolorosa añoranza del mar y ésta se manifiesta en la exagerada predisposición por los mariscos. El mar habitó esta parte del planeta millones de años atrás y las pruebas de su presencia aparecen en los profundos pizarrones de las montañas. En ellas, el tiempo dibujó para sus futuros lectores inverosímiles paisajes marinos, sofisticados esqueletos de pescado y el remoto viaje de las estrellas océanicas.

---

18 *Chela*: Jerga para «cerveza»: *Unas chelas bien heladas*: «Unas cervezas bien frías».

En Palomas, sus habitantes reconstruyen el universo marino a su manera. Pintan apopeyados pulpos con sombrero de capitán cabalgando briosos peces espada, mientras monumentales cachalotes color café, ejecutan números de gimnasia en el caballo con arzones de las olas. Discurrimos calle abajo con asombrada lentitud hasta donde termina la avenida. Delante de nosotros se extiende la vastedad con la raya en medio de la carretera, que la madre tecnología abrió en la entrecana cabellera del desierto.

Viramos en redondo y enfilamos hacia Columbus.

—A quién se le ocurre bautizar a un pueblo del desierto con el nombre del Almirante –afirmo consciente de la milenaria insensatez de la soledad.

—No lo hicieron por Colón sino por las palomas —dice mi acompañante exageradamente confiado de su latín–. Columba es paloma y Columbus, muchas palomas. Por eso las quieren volver ciudades hermanas.

Callo prudentemente pero registro el dato para corroborarlo con los expertos.

—No –me dirá mi asesor lingüístico–. El pueblo fue bautizado en honor a don Cristóbal. Columbus, en latín, sería palomos.

Por lo tanto, concluyo, Palomas y Columbus sólo hubieran podido celebrar, o bien una hermandad incestuosa, o un atormentado nexo conyugal. Sea como sea, la coincidencia subsiste y se enriquece con implicaciones freudianas. Los palomos sintetizarían una complicada relación de amor y odio que Francisco Villa bendijo a su manera aquel histórico día de 1916.

A pesar de que cuando menos una ancianita escupiría la estatua del Centauro en caso de que la levantasen, nadie duda de que el pueblo habría desaparecido hace mucho de no haber sido por aquél. Su incursión marcó una cruz en el desierto y éstas se utilizan tanto para registrar las tumbas en los cementerios como los tesoros en los mapas. Los lugareños han encontrado su tesoro en la leyenda y la muestra aparece por todas partes sin importar que el recuerdo emponzoñe heridas todavía abiertas. Estamos en la tierra de la oferta y la demanda y si algo deja dinero, muy bienvenido, así sea la mismísima estatua de Ho Chi Min. Mas también vivimos un tiempo que aspira a la armonía, y para celebrarla, los habitantes de Columbus equilibran el desacato con un monumento que recuerda a los 9 ciudadanos caídos. *Quid pro quo* y todos *very happy*.

Antes de regresar a El Paso, decidimos detenernos en una tienda de curiosidades locales. Una sonriente y guapa mujer nos propone incursionar por la fresca casona de adobe. A mitad de una de las salas, un viejo piano invita a que algún atrevido improvise una tonada o reproduzca las notas de la espectral partitura colocada en el atril. Recuerdo alguna definición de surrealismo y rescato la imagen de un piano en un quirófano. Sin embargo aquí la presencia del instrumento queda más próximo a lo fantasmagórico que a lo surreal. Ayudan, por supuesto, los penachos nativos, los daguerrotipos finiseculares y un aroma a madera vieja que se mezcla con el hueco sonido de pasos sobre la duela. En alguna de las salas, un desconocido recorre el sitio sobre un par de pesadas botas vaqueras. El interior retumba con sonoridades de catedral.

Ya de salida, nos detienen las estudiadamente amables preguntas de la dueña del establecimiento. Inquiere por nuestro lugar de origen y respondemos con la resignada abulia de quien sabe que la charla sólo preludia un intento de transacción mercantil. Comienzo a escurrir el cuerpo para abrir la mayor distancia entre mi timidez y la dueña. El movimiento coloca a mi desaprensivo acompañante entre la oferta y mi persona.

Me atrinchero en el fingido estudio de un óleo que reproduce a un grupo de canes vestido de *cowboy* jugando al billar. Mi amigo encara la propuesta fortalecido por Ja seguridad de que visitar una tienda «no significa que debamos comprar a güevo».

Pero antes de que cualquiera tenga la oportunidad de abrir la boca, escuchamos llegar procedentes de las salas más remotas, los torpes pero reconocibles compases de una tonada. La emoción me expulsa de mi simulada lejanía y me vuelvo hacia mi amigo.

A 76 años del suceso que nos convocó en Columbus, aquel desconocido calzado con botas de campaña, revive a su manera el acontecimiento con el premeditado golpeteo de las notas de El golpe traidor sobre las amarillentas teclas del piano. Mi corazón ejecuta tres diástoles sostenidos sin sístoles que lo equilibren. Y poseído por el espectro de algún miembro de la brigada invasora, reconstruyo la historia a mi manera. Doy un paso al frente y traduzco al inglés el equivalente de un «orita no, señora, otro día», que nos permite retirarnos del lugar a tambor batiente y con banderas desplegadas.

Caminamos hacia el coche tarareando los soberbios compases de la melodía. Y ya trepados en los 700 azules caballos de fuerza del Ford, sumidos en el sobresalto de la velocidad a mitad del desierto, el tarareo crece y se vuelve alarido. Y ya para cuando andamos en las 80 millas por hora, 20 arriba de lo permitido, rubricamos la canción con un «¡Viva Villa, cabrones!», que espero todavía les rezumbe en las orejas.

Noviembre 1992

El eterno exilio de Victoriano Huerta

Si muero lejos de ti...

Los huesos de don Porfirio aguardan en París los resultados de los oficios de sus herederos históricos para volver al país que lo vio nacer, pelear, traicionar, mas no morir. Y es que los malos de la Historia pasada, a diferencia de lo que ahora ocurre, no podían ni vivir ni morir sin México. Una forma de amor que en algo los honra después de todo, aunque este mínimo honor no consiga menguar las culpas.

Mucho más cerca que don Porfirio, en El Paso, Texas, a menos de un kilómetro de distancia de la sinuosa frontera marcada por el río Bravo y la vigilante presencia de las camionetas de la Border Patrol, lo que queda de don Victoriano parece haber perdido toda esperanza. Si quienes a hierro matan no siempre mueren igual, como bien ejemplifican nuestros desterrados más recientes, suelen sufrir en cambio los desplantes de la deslealtad. Los que alguna vez promovieron su retorno, han muerto, cejado en su empeño o se ocupan de asuntos menos extravagantes. De ahí que el ulterior deseo de nuestro último dictador de regresar a México «tan pronto como se restablezca la paz», corre el riesgo de permanecer incumplido.

Y mientras la paz se restablece (¿se habrá enterado de que los neozapatistas faxean en las selvas y montañas del país con pasmosa postmodernidad, que la paz de las conciencias nacionales se desvela a causa de los asesinatos políticos o que nuevas y guerrilleras siglas se escriben en los cielos de México?), o llegue el sexenio que habrá de reivindicarlo, sus restos, para utilizar el generoso lugar común, «descansan» bajo una austera lápida adquirida por sus hermanas, en el cementerio Evergreen de la ciudad de El Paso, rodeado de desconocidos, éstos sí resignados a permanecer en su lugar hasta el Día del Juicio.

Aunque se asumía sólo de paso en El Paso, don Victoriano ha permanecido aquí desde ese enero de 1916 en que su «intemperancia» de toda la vida lo condenó a la muerte luego de una «larga agonía».

Por alrededor de 20 años, Victoriano Huerta permaneció en *standby* en una cripta del cementerio de La Concordia, en espera de que su postrer deseo se cumpliera. En 1936, el gobierno de la ciudad ordenó que sus restos fueran trasladados al cementerio Evergreen para ser «enterrado» por vez primera y quizás definitiva, en esta ciudad que sólo representaba la antesala de su país y de un poder cuyas ansias nunca fueron satisfechas.

Durante 58 años, la impronta del hombre que alcanzó la presidencia mediante la traición y la asonada, quien retuvo en el puño los destinos del país, quien disputa a Santa Anna y a Salinas el título de villano por antonomasia, quien murió rodeado de sus familiares, amigos y seguidores en una casona ya inexistente del 415 West Boulevard (ahora Yandell) el 13 de enero de 1916, quedó señalada con un escueto bloque de piedra cuya inscripción reducía al mínimo el *curriculum* del verdugo de la naciente democracia mexicana: *Victoriano Huerta*.

Las ironías resaltan con el tiempo. Igual lo hace el nombre del dictador con la derrota y su apellido con la resequedad de la tierra que lo rodea. Lo sigue haciendo el nombre del cementerio (La Concordia) que lo acogió durante los primeros 20 años de su muerte, y este Evergreen (Siempreverde) que bajo el sol de un inconmovible día de agosto, resulta ampliamente descalificado por el poroso gris del desierto. Será que las almas jamás marchitan y la muerte las bendice con esa inmarcesibilidad que no alcanzan ni las vidas ni las reputaciones. El sol levanta un polvillo que atormenta los ojos bajo la luminosidad inmisericorde de las planicies texanas. En el extremo sur del cementerio, el *highway* enreda sus ímpetus en un apretado nudo que autoriza a los paseños a llamar a este importante entronque vial el Tazón de Espagueti. Más allá de la barda que circunda al cementerio, corre una vía de ferrocarril cuyo tránsito incitará recuerdos de batallas y de trenes cargados de federales en los inexistentes oídos del General. Y digo esto amparado por la certeza de que toda visita a los cementerios resulta la tácita aceptación de que sus inquilinos pueden todavía retorcerse en sus tumbas al conjuro de las visitas, los comentarios o los estímulos exteriores.

En 1974, doña Cecilia y doña Elisa, hermanas del dictador, compraron e hicieron colocar sobre la anterior, la lápida que hasta la fecha indica el sitio en que yacen los huesos de don Victoriano y que resume, mediante un lapidario eufemismo histórico, un papel del que resulta incómodo hablar.

La distancia se va haciendo menos

Ahora que la reconsideración histórica (y el neoliberalismo

y Televisa) intentan rescatar a Díaz del averno nacional, a Huerta sólo le queda enfrentar con paciente reciedumbre su fatal destino. A pesar de la cercanía y a diferencia de lo que dice José Alfredo, la distancia cada vez se hace mayor y de él sólo queda el recuerdo de su traición, de su gusto por la bebida, el «cebollón verdoso de su cráneo» (Valle–Inclán en *Tirano Banderas*) y su mirada oscura, viciada por los espejuelos ahumados.

El Evergreen reproduce la eficiencia estadounidense, misma que reconocí luego de una llamada a la administración preguntando por la tumba de don Victoriano. «Sí», respondieron al instante, «Mister Huerta está aquí... Si acude de 9 a 5, con mucho gusto le mostraremos la tumba». Luego me enteraría que no resultan escasos los visitantes y que ha habido maestros que llevan a sus alumnos hasta la vera de esa marca insulsa pero eficaz, que en nada anuncia las turbulencias que desencadenó el hombre que está debajo.

Me detengo ante el bloque de piedra, anoto los datos, miro los alrededores y me martirizo pensando cómo diablos podré escribir algo interesante. Camino entre las losas mientras leo los epitafios. Nombres en inglés y en español, muertes acaecidas a principios del siglo. La porosidad de la piedra absorbe la luz que navega sobre superficies de esponja. La mordida del tiempo y del sol emborrona y percude las fechas y los nombres; sin embargo las del divisionario relucen y esplenden. Es evidente que resulta la figura más importante del condominio.

—¿Qué otro personaje importante está enterrado aquí? –pregunto.

—Pues yo sólo sé del General.

Pero quien me guía por los vericuetos de este Hades fronterizo recuerda algo interesante y me lleva ante la tumba del escultor de un Cristo que emula al del Cubilete y que corona la cima de un cerro paseño bastante menos impresionante.

—¿Dónde están las tumbas más antiguas? –pregunto adelantando un recorrido en busca, si no de personajes, al menos de fechas más remotas.

—Por todas partes –afirma desconsoladoramente.

Si la muerte iguala, el Evergreen es una buena demostración de esta esperanza. Las tumbas se esparcen por los terrenos al margen de la alcurnia, la raza o el tiempo. Apenas una que otra construcción funeraria con pretensiones destaca sobre las demás. Ni siquiera aparece esa necesidad tan nuestra de hacer saber a los extraños cuánto quisimos a nuestros muertos. Para la mentalidad del habitante del desierto, toda existencia, por breve o prolongada que haya sido, se reduce al papel que desempeñaron en favor de la perpetuidad de la vida: Padre, Madre, Esposa, Hijo. En algunos casos aparecen resabios del respetado oficio militar: John Smith, coronel. Peter Brown, general. La Guerra y la Paz. El Amor y la Muerte. Ni licenciados ni ingenieros ni médicos ni doctores en literatura. La vida es más simple que eso: somos hijos, y a veces padres o esposos; lo demás, a juzgar por el certero juicio de las lápidas, no tiene la menor importancia.

De paso en El Paso

Luego de su exilio en España, Huerta llegó a Estados Unidos a principios de 1915 con el propósito de reunir hombres, dinero y cruzar luego la frontera al reencuentro del poder. Huerta aprovechó lo que en apariencia era un inocente viaje de Nueva York a San Francisco, para apearse, un 27 de junio, en Newman,

Nuevo México, con el fin de entrevistarse con Pascual Orozco. Pero ambos generales fueron apresados al estilo americano por los cherifes que ya los esperaban advertidos de este encuentro que a su parecer violaba las leyes de neutralidad. Orozco y Huerta fueron trasladados a El Paso y recluidos en el Edificio Federal, de donde salieron mediante el pago de una fianza. Estuvieron bajo arresto domiciliario en una casa de la calle North Stanton; mas luego de la escapatoria de Pascual Orozco, Huerta fue trasladado, en consideración a su pasada alta investidura, a «una de las mejores casas» del Fuerte Bliss, donde permaneció al cuidado de una fuerte vigilancia (dos años atrás, en ese mismo Fuerte, antes de la asonada y del asesinato de Madero, Victoriano Huerta había sido objeto de una estimulante y al parecer propiciadora recepción militar, en la que fue celebrado como «Héroe de la Revolución Mexicana» por el General Brigadier Edgar Z. Steever, comandante del puesto). Más tarde, a causa de sus graves problemas de salud, se le permitió mudarse al 415 West Boulevard, sitio que habitó con su familia hasta su muerte el 13 de enero de 1916.

Crónica de una muerte anunciada

El Paso Morning Times, y las cuatro páginas que componían a su gemelo en español, siguieron cuidadosamente las varias operaciones a que fue sometido el General. Reseñan detenidamente los cuidados y diferencias tanto del gobierno local como de los innumerables seguidores, colaboradores y simpatizantes que atestiguaron con puntilloso esmero la «lenta agonía» de este prócer del cuartelazo. Sin lugar a dudas, su paso por El Paso quedó asignado por el dolor y la enfermedad que le heredó, «como muchos de sus más cercanos creen, su inclinación por el licor y las drogas»; aunque la causa oficial del deceso haya sido gastritis e ictericia. El viernes 14 de enero de 1916, *El Paso Morning Times* en español, anuncia a ocho columnas y en primera plana, el trance fatal:

> Anoche a las 8:30 dejó de existir en una casa de la calle Boulevard No. 415, el Gral. Victoriano Huerta, el ex dictador de la Rep. Mexicana, después de una larga agonía, en la que luchó entre la vida y la muerte, hasta que ésta al fin venció a aquel hombre de constitución de hierro y de carácter indomable y fiero. No fue una sola enfermedad la que minó aquel organismo, sino varias que se resolvieron en una complicación de enfermedades entre las que predominó la hepática por su intemperancia. Cerca de su lecho de muerte estaba toda la familia y los generales federales que permanecieron fieles después de su caída.

SI PORQUE TOMO TEQUILA

La leyenda de su «intemperancia» y de su afición a las drogas, sobrepasa a la que fincó en la memoria colectiva su traición a la democracia en los albores del siglo. Por eso Huerta se le conoce como el Borracho y a Madero como el Mártir de la Democracia. Alguna vez leí que La Cucaracha, aquella que no conseguía caminar por falta de mota, reproducía la oscura dependencia del General por las drogas. Verdad o leyenda, su propensión al espíritu francés queda de manifiesto en esta anécdota que nos regala El Paso *Morning Times:* Huerta se encontraba en la plaza de toros de la capital cuando le dieron la noticia de la toma de Torreón por las fuerzas revolucionarias. Terminó de ver la corrida sin mayores sobresaltos y regresó a sus oficinas donde, al ser requerido por algunos de sus acompañantes acerca de la veracidad de la noticia, respondió: «Sí, es cierto: ellos tomaron Torreón, pero yo tomo un *cognac doble*».

La versión en inglés del mismo periódico, anuncia la muerte de Huerta a una sola columna en la parte inferior de la primera plana; pero le dedica por completo la tercera. Transcribo las últimas palabras del dictador susurradas, como presumo hacen todos los agonizantes que se respetan, a los oídos del capellán católico del ejército estadounidense, capitán Francis P. Joyce, quien luego de asistirlo en su predicamento, se encargó de propagarlas a los cuatro vientos del linotipo: «Muero feliz, en paz con Dios y con la humanidad. Perdono a todos mis enemigos y espero que ellos me perdonen».

Nunca sabremos si Huerta las enunció en español o en inglés, como aparecen en la reseña periodística. No obstante, su desplante nos permite confirmar la propensión de los actores de la historia por las declaraciones solemnes, sobre todo a la hora de la muerte. Comparemos, y ya de paso escojamos, entre las dos aquí transcritas. Yo me quedo con la que profirió luego de la caída de Torreón, aunque no me guste el coñac. Y me quedo con la primera porque me permite proponer una hipótesis: en la historia, son los malos los que monopolizan el sentido del humor, a pesar de que luego les dé por arrepentirse a la hora de la hora.

El Paso Morning Times escribe que no hubo «ceremonia de honor digna de su investidura», misma que estaría reservada para cuando los restos del divisionario descansaran en México. Sin embargo el velatorio y el consiguiente cortejo rumbo al cementerio de la Concordia, conjuntó pompa, muchedumbres, inmensas ofrendas florales, dramáticas manifestaciones de duelo y no pocos, personajes del medio político y militar estadounidense entre los que destaca el alcalde de la ciudad Tom Lea, padre del respetado escritor, muralista y periodista del mismo nombre.

El ataúd estaba cubierto con la bandera mexicana y sobre la misma se había colocado su espada adornada con piedras preciosas, y su gorro montado que había usado en las ceremonias de estado cuando era Presidente de la República Mexicana, así como las condecoraciones cuajadas de piedras preciosas que habían adornado su pecho al ser jefe de la nación mexicana. (...) Blandones de cera se veían encendidos por la cabecera del túmulo detrás de dos oficiales que pertenecieron al Estado Mayor del extinto que hacían guardia de honor mientras alrededor se veían señoras vestidas de negro que lloraban en silencio.

Qué solos se quedan los muertos

De haber sido enterrado en el cementerio de la Concordia, su obligada exhumación para trasladarlo al Evergreen me hubiera permitido ponerle a estas cuartillas un título más interesante: «El doble destierro de don Victoriano» o algo parecido. Pero la historia no lo permite porque don Victoriano jamás fue enterrado en la Concordia. Permaneció en una cripta al margen del humus texano durante 20 largos años. Más que suficientes para refrendar aquello de que el muerto y el arrimado apestan cumplidas las 72 horas. Y para su desgracia, don Victoriano resultó ser las dos cosas al mismo tiempo. Arrimado con todo y caja en la cripta de un cementerio y a la espera de regresar a la tierra que marcó con su bota militar, corrió más tarde que temprano la suerte de la muñeca fea, o la de los trebejos que arrinconamos en la esquina más lejana de la memoria para evitarle recordarnos algo que ya creíamos olvidado, hacer comparaciones incómodas o establecer semejanzas reveladoras.

Pero sucede que me lo encuentro arrumbado en un cementerio de nombre inconcebible, a finales de un siglo cuyos acontecimientos más recientes (autorías intelectuales, cuartelazos políticos, destierros obligatorios, complot I vs. complot II: no confundirlos con honestos enmascarados del ring, por favor), hacen dar a la historia nacional el giro de 350 grados que la coloca a escasos 10 de donde estuvo al principio.

Victoriano Huerta jamás imaginó permanecer en El Paso seis meses de su vida y 78 años de su muerte, esperando volver. No creo que lo consiga. Quienes se preocupaban por sus restos se han convertido en restos ellos mismos hace ya mucho tiempo. Así que don Victoriano se quedará en El Paso por los siglos venideros, despertando curiosidades momentáneas, propiciando comparaciones incómodas, refrendando las consabidas vueltas de la historia, en fin, propiciando ese eterno servicio social que implica la certeza de entender que como te ves me vi, como me ves te verás, y que pasado el tiempo, a pocos importa.

Septiembre 1996

(Aquí...) todos somos El Chupacabras

Los números terminales acarrean por lo regular ideas extravagantes. Los milenaristas afirmaban que el mundo alcanzaría su final en el año mil de la era cristiana. Las jovencitas debutan a los 15 y la sociedad otorga el oro conyugal a los 50 de casados. La salvedad ocurre con la condición ciudadana que se alcanzaba a los desabridos 21 y ahora con los no menos insípidos 18. Mas por lo general, los números cerrados adquieren una connotación particular. No podía ser diferente con el año 2000. Desde que entramos a los 90, las ocurrencias, las profecías, los augurios y en particular las señales ominosas, nos han atosigado con impertinencia de mosca. Niños nacidos sin cerebro (que de los que nacieron con él ya se encargará el binomio Sep–TLC con Televisa como aliada histórica), terremotos sistemáticos, fumarolas en el Popocatépetl, asesinatos políticos y ahora (por si no bastara con los que se han pasado la vida chupando cosas menos sólidas, más líquidas o voluminosas), el chupacabras. Ni quien lo dude, el Dosmil está a la vuelta, si no de la esquina, definitivamente de nuestros deseos, miedos e imaginación.

A semejanza del sida, el chupacabras fue descubierto en el tercer mundo; como la marihuana y la migración, también procede del sur. La televisión norteamericana lo detectó en Puerto Rico, lo registró en Colombia, lo popularizó en México y lo mira, con la ayuda de Televisa, manifestarse una y otra vez en nuestro país como si hubiera adquirido carta de naturalización. Desde hace algunas semanas, las principales cadenas norteamericanas le dedican tiempo creciente junto a la imagen de ilegales apaleados, traficantes deprimidos y legales discriminados. Los comentaristas hablan, discuten, especulan y lo describen:

un híbrido con alas de Batman, ojos de E.T., lánguidas extremidades de simio, garras de Fredy Kruger, sed draculesca y evidentes ansias de colarse en el Primer Mundo. Que no quepa duda: el engendro representa otro fenómeno (peligro) típicamente latinoamericano. Su nombre y procedencia lo indican. Se llama El Chupacabras (en mayúsculas a partir de este momento, por favor); otro posible nombre para los Josés Martínez o Juanes González que acechan por los alrededores.

Como si no bastaran las existentes, una nueva amenaza pende sobre el país de los corderos, personificado ahora en ese ente al que sólo le falta el sombrero de charro. Todo hace suponer que una vez violadas las fronteras y burlados los agentes de la Border Patrol, El Chupacabras modificará sus hábitos alimenticios: dejará de succionar chivos para interesarse en la hemoglobina de las mejores familias de la localidad. Haría falta revisar *The Silence of the Lambs* (en México se llamó «El silencio de los inocentes») para analizar el lugar y la carga simbólica que los corderos, y sus primos cercanos, las cabras, tienen dentro de la cultura estadounidense. Demasiado pequeño (a juzgar por los dibujos y descripciones de los involucrados) para meterse con vacas o con bueyes; suficientemente *snob* como para interesarse por especies estacionadas en los sótanos de la escala animal, se deleita con tiernos borreguitos que no por tercermundistas, dejan de recordarnos a los que vemos en los nacimientos. Convendría intentar una explicación de la sospechosa preferencia del animalejo por una especie tan apática como desabrida; de su inicial desprecio por otras más suculentas, numerosas o fáciles de alcanzar. Si El Chupacabras se interesara también por perros, guajolotes o marranos, no se llamaría como se llama. Si hubiera comenzado su carrera depredando tlacuaches, ratas o cucarachas, a nadie le hubiera importado.

La necesidad de creer va aparejada a la necesidad de inventar, y El Chupacabras está construido a la medida del asombro del hombre de fin de siglo; una mezquina construcción de estirpe cinematográfica que ensambla anhelos y temores en un dibujo que resulta el reverso del extraterrestre bueno y noble que ya vimos en las películas. El Chupacabras resulta un anti E.T., de la misma manera que el diablo es un anticristo y nuestra cultura la anticultura de muchos. Si El Extraterrestre cura, educa, ilumina y juega con los inocentes, El Chupacabras enferma, contamina y mata. El Extraterrestre procede del norte, del cielo, a bordo de una nave iluminada y lleva un mensaje de paz y progreso; El Chupacabras personifica el sur, el miedo, la sucia oscuridad de los corrales y se le **nombra en español: el idioma de la barbarie.**

¿Pero quién es El Chupacabras? De dónde vino, hacia dónde va. La pregunta es difícil porque ya cayó el marxismo, y con él, la exaltación científica de las causas. El Chupacabras es el nombre que le dan al fantasma que recorre su mundo. Ahora, a cinco años de iniciar el nuevo milenio, el implacable succionador caprino resume las condiciones subjetivas que justifican cerrar con la piedra y los lodos de los ejércitos, tres mil kilómetros de frontera física e ideológica. ¿Quién lamentaría trancar por dentro la puerta que mantendrá afuera a un engendro de tal naturaleza?

Para ellos, ya como símbolo o realidad evidente, El Chupacabras es la inconsciente encarnación de la xenofobia; para nosotros, aparece como una extravagante ansiedad de afirmación y supervivencia: el deseo de continuar figurando en la historia aunque tengamos que representar el eterno papel del villano. Especulaciones sobran; pero mientras la respuesta no nos alcance, propongo que (aquí) seamos todos El Chupacabras. Si no quisimos ser Marcos tal y como exigían las envejecidas pancartas de hace dos años, seamos cuando menos el Espanto del Primer Mundo. Que surjan uno, dos, mil Chupacabras en esta América que de tan barroca vuelve a ser nuestra.

Agosto 1997

Museos Iú. Es. Ei.

Me gustan los museos. Me interesan no sólo por su condición de autorretrato de una comunidad que se precia tanto de serlo que, precisamente, se mira en ellos; sino porque dan fe de lo que el hombre desea perpetuar, celebrar o condenar. Vistos así, los museos adquieren la condición de espejos que reflejan un pasado digno de preservarse, ya sea por orgullo, prosapia o meras cuestiones preventivas. De ahí que hasta cierto punto, todo museo implique una fiesta, una advertencia y hasta una negación, porque, querámoslo o no, los museos ocultan tanto como exhiben. Su razón de ser tiene sustento en la otra cara de esa selectiva memoria que enfatiza una circunstancia: sin más objeto que el de maquillar la oculta, la vergonzante.

En El Paso los hay de todo, como en las boticas de antaño o como en el resto de las ciudades estadounidenses que de tan modernas y vertiginosas, aprisionan hasta la trivialidad en edificios construidos para el caso. Abigarradas colecciones que certifican los justos (de Historia), o creativos (de artes), o pragmáticos (de máquinas) o excéntricos (de corcholatas, pulgas o cajas de cerillos) o individualistas que suponen son. Algunos remontan la cuenta de los siglos y otros recuperan un ayer tan cercano, que el visitante puede platicar con sus objetos y sujetos. Sin embargo, hubo dos que llamaron poderosamente mi atención. Y lo hicieron porque a diferencia de los más convencionales, éstos confrontaban ya desde el nombre a los contrarios que les daban razón de ser. El Museo del Holocausto y el Museo de la Patrulla Fronteriza ofrecen, en el primer caso, e implican, en el segundo, las dos caras y aun el canto de la sempiterna moneda de la Historia: los nazis frente a sus víctimas naturales, los judíos; y los agentes de la Migra contra la ilegalidad, entendida ésta, en su doble condición de hombres y mercancía.

Cualquier desapercibido podría extraviarse al seguir los modestos letreros que orientan al automovilista hacia el pequeño edificio que, construido con fondos de la comunidad judía, recuerda el horror de la sistemática matanza ocurrida entre 1940 y 1945. Pero yo llego sin muchos problemas, aunque desconcertado por una prueba más de la inveterada y no menos sistemática vocación irónica de la vida. Las calles que me acercan al Holocaust Museum tienen nombre de jolgorio: *vaudeville, festival, carrousel, carnaval*. Una opereta de apelativos que resuena con tonalidades macabras contra la vastedad de un cielo impasiblemente díazmironiano[19].

El bullicioso retintín de los nombres de las calles, contrasta con la premeditada penumbra del interior del Museo: tres salitas y un jardincillo (el de los «Justos») que exhibe las banderas de los países cuyos habitantes (aunque fuera uno solo) auxiliaron a los perseguidos (el de México no se encuentra entre ellos), conforma esta muestra de la barbarie y la reciedumbre humanas. Al parecer, para que exista una tiene también que ocurrir la otra, y el

---

19 *Díazmironiano*: De Salvador Díaz Mirón. Este poeta es a Veracruz lo que López Velarde a Zacatecas.

Museo subraya este irredento maridaje en los variados sets, vitrinas y maniquíes que coleccionan, reconstruyen, consignan y denuncian la existencia del Nacionalsocialismo. Dagas y sables; hornos, uniformes, insignias, cruces gamadas, cruces de hierro, látigos, tenazas y cachiporras, guillotinas, horcas, cilindros de Gas Ciklon, alambre de púas, trenes y vagones; chimeneas cuyo humo incesante sofoca la esperanza y calienta la posibilidad de que todo se repita.

Los visitantes se inclinan sobre las fotografías y los documentos. Observan guedejas de cabello estropajado por el tiempo, dientes de oro, zapatos, prótesis. Orejas-cenicero, lámparas de carne y hueso. Deambulan callados, atentos, serenos. Reconocen el pasado, lo comentan en voz baja, susurran, señalan algún objeto particularmente interesante. Es el Museo del horror donde las víctimas y los verdugos aparecen equitativamente representados: éstos son, esto hicieron. Aquí están. Velos. Recuérdalos. Es tu igual; pudiste, puedes ser tú.

Afuera, el transparente sol de la tarde paseña desvanece en los ojos lo que no será posible hacer en la memoria. La oscuridad del recinto queda tras la puerta que se cierra como una Europa relegada al pasado. Mas ni éste ni la distancia, cancelan las atarjeas del recuerdo. El rostro de una jovencita que presta frente y perfil a la acuciosa lente del frenólogo nazi, queda legada a la memoria de quienes vivimos después que ella. Su terror y su desamparo son nuestros. El Museo fue construido precisamente para corroborarlo.

Adyacente al edificio, un club social judío resuena con las carreras y las voces de los niños. Y aunque al parecer corretean por las orillas del recuerdo, la imposibilidad del olvido determina su juego. Más allá de los jardines del club, una elástica depresión del terreno permite una dilatada perspectiva que integra desierto, montañas y cielo por vías de una luz casi tangible. El paisaje también es un cuadro de museo protegido de los dedos ociosos por el vidrio de la claridad.

Manejo hacia el extremo opuesto de la ciudad. En despoblado, al pie de las Montañas Franklin, se levanta el bunker que conserva y relata la historia de la Border Patrol. Pospongo mi ingreso al edificio para andar las sinuosas veredas que invitan a inmiscuirse con el desierto y sus habitantes. Letreros colocados estratégicamente aconsejan respeto por la naturaleza y advierten contra las serpientes que acostumbran transitar por la vereda. La vista es agradable. También aquí puede uno lanzar la mirada hasta donde su astigmatismo lo permita y recuperar matices, composiciones naturales, la ríspida y a la vez plácida disposición del desierto para convertir a sus humanos habitantes en forajidos, pioneros o ermitaños. Imagino las soledades de hace 100 años, y no dudo en que muy pocos hubieran podido escapar a esta trilogía de ángeles y demonios con el punto equidistante del ranchero emprendedor que ha convertido las áridas planicies en productivos escenarios cinematográficos.

Para mi sorpresa, no piden papeles para entrar al Museo de la Border Patrol. Vaya, ni siquiera cobran la entrada. Un alto y bigotón empleado con inconfundible facha de mexicano, me da la bienvenida con un amable asentimiento de cabeza jamás atestiguado en ninguno de mis múltiples cruces por las garitas fronterizas. Tal vez, me engaño, el Museo resguarde para asombro de los incrédulos las sonrisas de los migras más sonrientes, colgadas del espacio en emulación de la del gato de Cheshire. O quizá perpetúe en alta fidelidad la grabación de un insólito «Bienvenidos a Iú. Es. Ei», pronunciado por un agente cuya voz pasó a formar parte del inventario del Museo por tan conspicua razón. Pero no sería así, y previo reproche a mi falta de objetividad, me sumerjo en el risueño museíto.

Aunque con menos visitantes, el de la Migra también tiene los suyos; sin embargo las diferencias resultan evidentes. La luz colma las salas en contraste con la tétrica y apenurnbrada museografía del anterior. Al parecer, aquí no existe nada que denunciar o de qué avergonzarse. Los visitantes entienden el mensaje y los adultos caminan a sus anchas y los niños corren para llegar antes que nadie frente a los vehículos en exhibición. Una mujer gorda y rubia deambula retadora y petulante enfundada en una apretada camiseta. Se siente como en su casa. Su torso de gladiadora resalta el letrero al que unas «tetas vastas como frutos del más pródigo papayo» (otra vez Díaz Mirón) contribuyen a volver ineludible: *Support our Troops*.

Dentro del Museo de la Migra, las letras retumban con sonoridades marciales, y cuando la gorda se reúne con su pareja, otro gordo enorme y barbón que porta a retaguardia el espolón imperioso de una coleta de alacrán, el Museo alcanza las características de un templo a la intolerancia. Evidentemente es un matrimonio de *red necks* que visitan sitios parecidos como otros van a misa o a un día de campo. Los miro estudiar las armas, las fotografías de grupo, los uniformes, el equipo (artefactos antiguos y otros aterradoramente modernos) con que los agentes de la Migra combaten la ominosa infiltración tercermundista. Los gordos se pasean por las dos amplias salas del museo como galeones cargados de malas intenciones. La gorda me mira mirarla, identifica mi aspecto y se lanza en mi dirección sacando el pecho y por consiguiente el letrero. Obviamente desea que me entere de quién es y de por qué está ahí y que, de haberlo sabido, se hubiera puesto una camiseta más adecuada para el momento: *White Power. Wetback stay at home* o algo por el estilo. La miro incrementar la velocidad y acortar la distancia acelerada y dispuesta mientras en mi cabeza resuena la insistente musiquita de *Tiburón*; pero su porte la coloca más cerca de Moby Dick y yo, que no estoy para colisiones, le cedo el paso protegido por una vitrina que resguarda las botas, el sombrero, las pistolas y las insignias de uno de los santones de la Migra.

Porque así fue, la Border Patrol inició sus actividades como tal, apenas en 1925, cuando la frontera cedió ante el peso de las necesidades, y el chisguete de la migración se convirtió en un chorro y luego en una ola que azota los 3 mil kilómetros de frontera para vergüenza de nuestros gobiernos y espanto de los ajenos. Antes del 25, eran otros, entre particulares y oficiales, quienes ejercían la «silenciosa vigilancia» de las fronteras. Rancheros, cherifes, militares, policías rurales y citadinos sin quehacer los fines de semana. En fin, una blanca pléyade de centinelas que vigilaba la sinuosa línea del río Bravo desde Tamaulipas a Chihuahua, y luego el pespunte artificial de Chihuahua a Baja California, para cumplir con el objetivo de *to foster and perpetuate / A one hundred percent Americanism*, tal y como consigna el código de honor de la American Legion que, no por nada, contribuyó y contribuye a la creación y sostenimiento del museo.

A semejanza del Holocaust Museum, el de la Migra también está patrocinado por una sociedad civil sin fines utilitarios, y con el firme propósito de preservar, a través de donaciones económicas y trabajo voluntario, la historia viva de la migra a nivel estatal y nacional. Cuando me entero de esto, la cara del aquiescente encargado del museo se recompone en mi cabeza. Es, sin lugar a dudas, un mexicano de origen que decidió ceder parte de su valioso tiempo para cuidar y explicar, a solicitud del interesado, la cruenta historia de la Border Patrol. Y escribo «cruenta» porque un enorme libro cuyas páginas están protegidas con plástico, reúne las fichas de los agentes caídos en el cumplimiento del deber, de 1925 a la fecha. Vuelvo las pesadas hojas y me entero de la causa de muerte: insolación, ataque cardiaco, accidente automovilístico, aéreo, de motocicleta. Aparecen todos: los que se cayeron de un tren en marcha, en un barranco y hasta en el río; claro, justo es manifestarlo, mientras buscaban o perseguían ilegales. Los cuento: son 79, de los cuales ocho fueron asesinados, en su mayoría, por narcotraficantes de quién sabe qué lado.

A semejanza con el Museo del Holocausto, la confrontación, al menos con los ilegales, resulta muy desigual. De un lado se despliega el equipo de la Patrulla Fronteriza; del otro, las cachiporras, garrotes, navajas, tijeras (de sastre, de uñas y hasta de podar), facas, filos, punzones, charrascas y machetes de Oaxaca y de Sayula, con todo y funda y leyenda repujada («¿Qué me ves?» «Si algo te debo, con esto te pago») con que los mojados de toda la América meridional ejecutan su húmeda labor. Mas para no pecar de imprecisos, también resaltan las schwarzeneggerescas herramientas de los narcos: cuernos de chivo, Usis, R15, pistolas a la Harry el Sucio, escuadras a la Comandante de la PJF y toda la parafernalia del oficio blanco más negro del mundo.

A los visitantes infantiles les gustan las armas. Las pistolas, algunas tan chiquitas que parecen de juguete; otras tan grandotas que resultarían cañones en un juego de niños. Se trepan a los helicópteros, a las lanchas rápidas, a las motos de tres ruedas que transitan las hoscas arrugas del desierto y preguntan a sus papás (quienes en su mayoría prefieren abstraerse en la balsa de hule y tablas donde cuatro cubanos llegaron a las costas de Florida) acerca de los usos y costumbres de los patrulleros.

Además del equipo, reliquias y documentos, se consignan la anécdota y la trivia: la primera mujer migra, verbigracia, se da de alta en 1975. Y representa otro contundente ejemplo de que cualquier oficio ejercido por el hombre, puede ser cumplido eficazmente por una mujer. Y ahí están las fotos para demostrarlo: muchachas de no mal ver en pleno ejercicio del ejercicio de sus facultades: tirando karatazos, patadas, atinándole al meritito centro del blanco con pistola, rifle y escopeta.

El museógrafo consiguió con parcial fortuna resaltar la iconografía del héroe guardafronteras: estatuas, bustos, una escultura hiperrealista de un hermoso y varonil migra con uniforme y equipo, enmarcado por una bandera estadounidense que el buen trabajo del decorador ha hecho que parezca flamear contra el aire acondicionado de la sala. El título de la escultura sintetiza y califica el oficio celebrado: *Silent Sentinel*.

Dos maniquíes, uno con el uniforme de la Border Patrol y otro con el uniforme de un guardia de la antigua República Checa, aparecen bajo un letrero que invita al espectador a que *note las diferencias* (el subrayado es mío). Me costó trabajo hacerlo. Un uniforme se parece a otro precisamente en que son uniformes (otra vez el subrayado queda bajo mi responsabilidad). Quizá se pretendía demostrar que el del Migra es más funcional, más democrático, *very casual*, menos imperativo y autoritario. Que en las bolsas de pantalón y casaca atesora dulces y chocolates para repartir equitativamente a la menor provocación. El del checo estaba abotonado hasta el cuello, se veía grueso y pesado y quien lo portara tendría calor y, sobre todo, la absoluta certidumbre de ejercer un poder que definitivamente no tenía como límite los derechos de otros. La semejanza a la que siempre invita la diferencia, es que ambos maniquíes cargaban pistola, correajes e insignias, es decir, los símbolos que justifican el ejercicio de la violencia legal.

Con toda seguridad, alguien con más dotes de observación obtendría conclusiones reveladoras. Yo sólo vi, en el caso del checo, a un uniformado de pasta que no se tentaba el corazón para desempeñar su oficio; en el otro, a un monigote enmielado por la estrategia de un diseñador jolivudense que acertó en la encomienda de convertir el uniforme del oficio, en el forro del caramelo. Pero detrás del empeño de envolverlo todo con la piel de oveja de las buenas intenciones, se esconde el anhelo de un sistema que desea ser entendido en sus propósitos, justificado en sus procedimientos y además querido por ejercerlos a ultranza.

Buena parte del museo está dedicada a volver *nice* una atribución que, por el momento, carece de prestigio generalizado. Y para conseguirlo venden camisetas; chamarras, ositos, botones, tazas y lápices con las siglas y el escudo de la Border Patrol. Creo que el negocio no marcha del todo bien porque en el tiempo que llevo aquí, nunca he visto a nadie vistiendo o utilizando algún objeto parecido. Asumo que hacerlo en El Paso, donde gran parte del dinero que aceita la marcha de la ciudad es producto del trabajo mojado o blanco, no resulta buena idea. Sería tanto como ostentar una suástica en una visita al Muro de las Lamentaciones o espetar un Di No a las Drogas en una pachanga del Cártel de Juárez.

Pero resulta difícil conciliar la necesidad de prestigiar un oficio con el imperativo de ejercerlo a como dé lugar. Además, la estrategia para conseguirlo peca por ingenua y absurda; ya di un ejemplo de lo segundo, la comprobación de lo primero queda a cargo, además de las camisetas, de otros recursos menos afortunados. Una serie de dibujos y diagramas fijados a mamparas colocadas a la altura de los ojos de los visitantes infantiles, invita al juego del descubrimiento utilizando la táctica de los pasatiempos en los suplementos dominicales. Sólo que aquí no se trata de descubrir dónde esta Waldo, o cuáles son las diferencias entre el payaso del dibujo 1 y el del dibujo 2; sino de algo más sospechoso. El entretenimiento se titula *Apprehending Illegal Aliens* y consta de dos fotografías. La primera conmina al pequeño observador: *Can you find the illegal immigrant?* Y ofrece una gris y emborronada estampa del desierto. La segunda delinea en negro al transgresor entre las dunas, matojos y candelillas, que buscó como protección para tratar de evadir los ojos del Big Brother (Patrol) : *Here they are!,* premia el letrero. Y todos contentos, con excepción del pobre diablo al que cacharon disfrazado de mezquite.

Y en este tenor, el Museo pasa de ser una *Journey through the history of the U.S. Border Patrol*, como reza el folleto publicitario, a convertirse en un minúsculo remanso de divertimiento infantil amparado en la consigna de que la historia no tiene por qué ser aburrida. Y para ratificarlo, el Museo ofrece libros para colorear las estampas de apuestos agentes migratorios, de perros rintintinescos entrenados para el oficio de detectar, perseguir y de ser posible atrapar, marihuana, coca o mojados. Fotografías de caballos tan apuestos, obedientes y profesionales que habrían llenado las fantasías de Roy Rogers, del finado John Wayne o de cualquier prócer en busca de estatua ecuestre. El museo siembra para el futuro, y si los bancos lavan dinero ¿por qué los museos no habrían de lavar conciencias o cerebros?

El Museo de la Border Patrol es un arrebato de elocuencia iconográfica y fetichista enfrentado con un problema de raíz: la justificación de un oficio que todavía no alcanza acreditación consensuada. En el Museo del Holocausto no hay empacho en confrontar a las dos partes en pugna, en exhibir el dolor de las víctimas y la bestialidad de los verdugos. En el de la Migra no hay fotografías del enemigo natural; se consignan sus argucias, sus métodos y utensilios; mas no existen los rostros, ni los motivos, ni las responsabilidades. Todo queda diluido en el despliegue de información paralela, banal, anecdótica. La estrategia se orienta a convertir al mojado en una entidad tan desvanecida y amorfa como su designación lo indica. Se le priva de cara; esto es: se le deshumaniza para imponerle la jefatura que la imaginación o los miedos o la conveniencia del espectador desee.

No aparecen los campos de detención, las alambradas de púas; las golpizas de ayer y de hoy, las deportaciones masivas; los vagones o las trocas cargadas de ilegales herrados de pies y manos; los grupos de paramilitares ejerciendo el oficio con la delectación que el caso amerita. En el Museo del Holocausto, víctimas y verdugos miran a los ojos de los visitantes; aquí, el segundo miembro del binomio fundamental se diluye en la ausencia. Sin embargo, una fotografía quebranta la regla por su condición ejemplificadora: un jovencito atado con correas a la parte baja del chasis de una camioneta, es descubierto y fotografiado en su vano intento por cruzar la frontera. El muchacho mira a la cámara que a su vez lo crucifica en el tiempo. La imagen advierte contra la astucia del mojado, pero sobre todo, justifica su sitio en la vitrina por su condición de muestra elocuente de lo que algunos son capaces de hacer con tal de colarse al paraíso.

Trato de imaginar cómo hubieran sido los museos del planeta si los nazis hubieran ganado la guerra. Me empello en construir uno que celebrara las hazañas de las SS, los experimentos del doctor Mengele y la ética de Herr Himmler. No lo consigo. Imagino que la vergüenza alcanza hasta las bestias; pero algo quedaría de aquel horror disfrazado tras el maquillaje de las buenas intenciones. Tal vez con cartas de niños agradecidos, con patíbulos rediseñados para sostener columpios, casitas de muñecas en los hornos crematorios. Acertijos que probaran la capacidad infantil para inferir cuántos adultos caben en una pastilla de jabón.

    Ya rumbo a la salida, me detengo ante una mampara que exhibe cartas de niños agradecidos por un reciente tour. Una de ellas llama especialmente mi atención. La envía Gabriela Rangel: *The Border Patrol is very exciting trying to catch all those immigrants that cross the border*. A juzgar por la carta de Gabriela, el futuro resulta promisorio. Cuando caiga la última máscara de la vergüenza, será el momento de empezar a construir los museos de los SS. Y ni siquiera ahí, la jovencita judía que presta el frente y el perfil a la acuciosa lente del médico racista, ni el mojadito descubierto amarrado al chasis de un coche, entenderán este brutal juego de las escondidillas. No sabrán de qué huyen o por qué los persiguen, porque en sus ojos aparece el asombro antes que las lágrimas que, de cualquier manera, ni los SS del pasado ni los Migras del futuro, permitirán que rindan testimonio.

Marzo 1998

Thank you for acquiring

Crónicas desde el país vecino

from the
Stockcero collection of Spanish and Latin American significant books of the past and present.

This book is one of a large and ever-expanding list of titles Stockcero regards as classics of Spanish and Latin American literature, history, economics, and cultural studies. A series of important books are being brought back into print with modern readers and students in mind, and thus including updated footnotes, prefaces, and bibliographies.

We invite you to look for more complete information on our website, **www.stockcero.com**, where you can view a list of titles currently available, as well as those in preparation. On this website, you may register to receive desk copies, view additional information about the books, and suggest titles you would like to see brought back into print. We are most eager to receive these suggestions, and if possible, to discuss them with you. Any comments you wish to make about Stockcero books would be most helpful.

The Stockcero website will also provide access to an increasing number of links to critical articles, libraries, databanks, bibliographies and other materials relating to the texts we are publishing.

By registering on our website, you will allow us to inform you of services and connections that will enhance your reading and teaching of an expanding list of important books.

You may additionally help us improve the way we serve your needs by registering your purchase at:
http://www.stockcero.com/bookregister.htm

www.ingramcontent.com/pod-product-compliance
Lightning Source LLC
Chambersburg PA
CBHW021759230426
43669CB00006B/138